D1719833

Bömelburg · Hobellied für Bertolt Brecht

Wolfgang Bömelburg

Hobellied für Bertolt Brecht

Ein Theatertischler erzählt

Eulenspiegel Verlag

Vorwort

Von den fünfzig Jahren meines Arbeitslebens, über die ich hier berichte, war ich fünfundvierzig Jahre Theatertischler, Bühnenhandwerker, Seitenmeister und Bühnenmeister am Berliner Ensemble. 1951 wurde ich von Helene Weigel eingestellt; ich habe das Brecht-Theater als erster Techniker mitaufgebaut, habe bis 1995 alle Höhen und Tiefen miterlebt. Ich kann also aus eigener Anschauung über alle Aufführungen des Berliner Ensembles bis zum Jahr 1995 berichten, über meine Arbeit mit Regisseuren, Schauspielern, Bühnenbildnern, der technischen Leitung, Seitenmeistern und Bühnenhandwerkern. Die Inszenierungen werde ich hauptsächlich von einer kaum beachteten Seite her beleuchten, eben von der des Technikers. Wie sagte Brecht? »Man sieht nur die im Lichte, die im Dunkeln sieht man nicht!« Mein Anliegen ist es, den Scheinwerfer einmal in die andere Richtung zu schwenken.

Kriegsende

Ich wurde im Februar 1933 geboren und wohnte in Berlin-Lichtenberg, Ruschestraße, Nähe Normannen- und Möllendorfstraße. Im Mai 1945 war ich zwölf Jahre alt, mir fehlten damit zwei Jahre zum Volkssturm. Mein Vater mußte für den Volkssturm arbeiten, Gott sei Dank nur schriftlich; er war Justizangestellter. Meine Mutter war Arbeiterin in einem Betrieb für Backzutaten, wo Aroma aus Apfelsinen, Zitronen, Mandeln und Rum

Wolfgang mit den Eltern

hergestellt wurde, lauter Dinge, die längst aus den Geschäften verschwunden waren.

Mein Großvater wurde am letzten Kriegstag von der Kugel eines Scharfschützen getötet, als er gerade dabei war, Glasscherben aus einem zerschossenen Fenster zu entfernen. So wurde der 8. Mai 1945 für unsere Familie zum Trauertag. Wenige Tage später holten russische Soldaten meinen Vater ab und brachten ihn nach Fürstenwalde in ein Kriegsgefangenenlager. Schließlich wurden wir von der Kommandantur aufgefordert, die Wohnung zu räumen.

Wir durften nur das Nötigste mitnehmen, soviel, wie in einem Kinderwagen zu transportieren war. Zu Fuß ging es in den Prenzlauer Berg zur Großmutter, in die Gleimstraße, direkt hinter dem Colosseum.

Langsam normalisierte sich das Leben. Die Bahnen fuhren wieder, und auch die Schulen öffneten ihre Tore. Ich kam in die 6. Klasse der Schule in der Sonnenburger Straße, Nähe Schönhauser Allee. Man sah darüber hinweg, daß mir von der dritten Klasse an mehrere Schuljahre fehlten, da es den meisten Schülern so ging.

An den Nachmittagen karrten wir Schutt und Glasscherben aus dem Schulhaus, nagelten kaputte Fenster mit Pappe zu, fegten aus und verhalfen so der Trümmerstadt Berlin zu einer Schule, in der wieder unterrichtet werden konnte.

Es fehlte an allem.

Mit Nadel und Zwirn nähte ich mir aus gefalteten Rechnungsblättern, die ich in einer zerstörten Eisenwarenhandlung gefunden hatte, Schulhefte zusammen. Ich war nicht der einzige, der als Pausenbrot manchmal nur eine Mohrrübe oder ein Stück Kohlrabi hatte. Aber wir durften wieder lernen und brauchten keine Angst vor Bomben und Granaten zu haben. Das dachten wir jedenfalls.

Heute mag es absurd erscheinen: Der Schulhof war ein großer, gut zu überschauender Platz. Deshalb wurde hier die Munition zusammengetragen, die man überall fand. Ein Sowjetsoldat bewachte sie und paßte auf, daß die Schulkinder fernblieben. An einem Nachmittag gegen zwei Uhr passierte es. Ein Blitz und ein Knall; irgendein Zeitzünder war explodiert und brachte andere Geschosse zur Detonation. Der russische Soldat versuchte, die explodierende Munition auseinanderzureißen; dabei fand er selbst den Tod. Experten bestätigten später, er habe durch seinen Einsatz eine Katastrophe verhindert. Es gab nur Leichtverletzte. Die Schüler der unteren Klassen waren noch im Schulgebäude gewesen, doch ihre Räume lagen zum Glück nicht zur Hofseite. Die Detonation war weithin zu hören, und jeder wußte, woher sie kam. Die abgesperrten Straßen wurden von Eltern belagert, die um ihre Kinder bangten. Als sich die Aufregung gelegt hatte und man das Gebäude untersuchte, stellte man fest, daß es stark beschädigt war und abgerissen werden mußte.

Zunächst kam ich in die Schule in der Schönfließer Straße und hatte einen längeren Schulweg. Dann wurde in der Schule in der Greifenhagener Straße eine 6. Klasse eingerichtet, und ich mußte dorthin.

Unser neuer Klassenlehrer, Herr Gellermann, gab sich redlich Mühe, die viele Ausfallzeit wieder gutzumachen. Auch die meisten Schüler strengten sich an. Im Herbst 1946 wurde ich in die 7. Klasse versetzt.

Neben den Schularbeiten mußten wir immer helfen, die Kriegsschäden zu beseitigen. So brachte ich mehrmals mit anderen Jungs zusammen kaputte Stühle und Bänke in eine Tischlerei in der Kopenhagener Straße. Für neue Möbel fehlte das Holz. Also reparierte man unsere Bruchmöbel nach dem Motto: Aus zwei mach eins. Es machte mir Spaß, dabei zuzusehn, und ich staunte, wenn ein Stuhl neu geleimt und verzapft worden war, daß er hielt wie am ersten Tag. Als ich zu Hause versuchte, ein ausgebrochenes Ärmelbügelbrett meiner Mutter neu zu verzapfen, merkte ich, was für eine vertrackte Millimeterarbeit das war. Sicher gab es dabei Tricks, die zu erfahren mich reizte. So fragte ich den Meister eines Tages, ob ich bei ihm in die Lehre gehen könnte. Er hatte nichts dagegen. Allerdings hatte ich die Schule noch nicht beendet, und für einen Lehrvertrag brauchte ich Unterlagen aus Lichtenberg. Meine Mutter sprach ein Machtwort, und ich bekam den Lehrvertrag. Als ich die Lehrstelle nachweisen konnte, wurde ich auch aus der Schule entlassen. So wurde ich, ein Siebenklassenschüler, Tischlerlehrling.

Mein Vater war inzwischen aus der Gefangenschaft zurückgekommen und arbeitete beim Abriß als Steinklopfer. Die ungewohnte körperliche Arbeit fiel ihm schwer, und er suchte ständig nach einer Bürotätigkeit, allerdings ohne Erfolg. Meine Mutter war Reinemachefrau an einer Oberschule und gab auch das Schulessen aus. Da fiel gelegentlich eine Portion für mich ab. In dieser Zeit ging es ums nackte Überleben. Mit der Lichtenberger Wohnung hatten wir all unser Hab und Gut verloren, mußten Bettzeug, Geschirr und Kleider kaufen, zum Teil auf dem Schwarzmarkt zu enormen Preisen, und Schmalhans war jeden Tag Küchenmeister.

Tischlerlehre und ein bißchen Kunst

Ich begann meine Lehre am 1. Februar 1947. Der Anfang war enttäuschend. Wochenlang mußte ich Nägel geradeklopfen, damit sie wieder verwendet werden konnten. Das war damals eine notwendige Arbeit, aber ich lernte kaum etwas. Ich durfte eine Fußbank bauen und Stühle verleimen; ein neues Brett bekam ich nicht zu sehen. Der Chef wohl auch nicht. Vielleicht hatte er beim Innungsmeister einen schlechten Stand. Jedenfalls machte er im Oktober 1948 pleite. Mein dreijähriger Lehrvertrag war somit geplatzt. Verdient hatte ich im ersten Lehrjahr monatlich dreißig Mark und im zweiten vierzig Mark.

Auf meinem weiteren Weg kam mir das Glück zuhilfe. Ganz in der Nähe, in der Dänenstraße, gab es eine große Tischlerei namens »Möbel-Urban«. Klar, daß ich dort ab und zu herumstreunte. Eines Tages fand ich dort ein Holzstück, zimtbraun, gut einen halben Meter lang. Es erinnerte mich an ein ähnliches Stück, das ich einmal bei meinem alten Meister gesehen hatte. »Das ist Mahagoni«, hatte er gesagt. »Vorkriegsware.« Alles, was Vorkriegsware war, gab es schon lange nicht mehr, und da lag so etwas herum! Ich nahm das Holz unter den Arm und wollte damit verschwinden. Da hielt ein Auto neben mir, und ein Mann sagte: »He, Kleiner! Wer klaut, kriegt was über den Deetz, merk dir das!«

Ich war erschrocken und wütend zugleich. Ich erwiderte: »Wer so ein schönes Stück Mahagoni rumliegen läßt, der sollte eins übern Deetz kriegen!«

Daraufhin stieg der Mann aus, nahm mir das Holz aus der Hand und sagte: »Tatsächlich, Mahagoni! Der das weggeschmissen hat, dem zieh ich die Hammelbeine lang!« Der so redete, war Herr Urban, der Besitzer der Tischlerei. Nachdem ich ihm erklärt hatte, woher ich mich mit Holz auskannte, hatte ich einen neuen Lehrvertrag in der Tasche.

Am 1. November 1948 fing ich bei Urban an. In dieser Werkstatt fehlte es an nichts. Der Chef besorgte alles: Holz, Furnier, Leim, Schellack, Nägel, Schrauben, Schlösser, Scharniere, auch gute Ziehklingen, die mir

*In der
Berufsschule*

eines Tages so schmerzlich fehlen sollten ... Wir bauten Herrenzimmer exklusiv in Eiche, Wohnzimmer in kaukasisch Nußbaum, Kinderzimmer in oliv Esche, alles hochglanzpoliert. Diese Möbel aus der Urban-Werkstatt wurden in Urban-Läden verkauft, das Geschäft florierte.

Für mich brachte die Arbeit einige Probleme. Ich hatte gelernt, mit Schrupphobel und Rauhbank ein Brett in die Gerade zu bringen, ich konnte mit dem Stechbeitel Zapflöcher ausstemmen. Aber bei Urban mußte ich an den elektrisch betriebenen Abrichthobel, an die elektrische Fräse, auch gebohrt wurde elektrisch. Die schön gelernten Normen: der Tischler hat einen Schrupp-

11

hobel, einen Schlichthobel, eine Rauhbank, einen Putzhobel, einen Falzhobel, einen Simshobel und so weiter, galten in der von Maschinen beherrschten Werkstatt nicht mehr. Sie kamen erst später, in der Theaterarbeit, wieder zu ihrem Recht.

All diese Umstände und auch einige Krankheitswochen brachten es mit sich, daß ich erst mit einer halbjährigen Verspätung, am 28. August 1950 meine Lehre abschließen konnte, am 201. Geburtstag unseres Großmeisters Goethe. Als Gesellenstück hatte ich einen Wohnzimmerschrank in kaukasisch Nußbaum zu bauen, mit Glasschiebefenstern, Schüben, Wäschefach und Garderobenteil, was mir ganz gut gelang. Der Schrank wurde vom Innungsmeister als Gesellenstück abgenommen.

In der Berufsschule hatte ich weniger Glück. Ich mußte zwei Fensterecken herstellen, was für jeden Bautischler eine Leichtigkeit gewesen wäre. Ich als Möbeltischler bekam sie nur mit Mühe hin, wurde dann aber am 1. September 1950 Tischlergeselle.

Mein Vater hatte inzwischen eine neue Beschäftigung gefunden. Er war Kartenabreißer im Puhlmann-Kino in der Schönhauser Allee, nahe der Kastanienallee. Kurz zuvor hatte es noch Puhlmann-Theater geheißen, es war eine kleine Operettenbühne gewesen, wie nach dem Kriege viele gegründet worden waren. Zuerst wurden dort Märchen aufgeführt, dann gab es den »Vogelhändler«, den »Bettelstudenten«, »Das Land des Lächelns«, »Schwarzwaldmädel«, den »Fidelen Bauern« und zum Schluß den »Grafen von Luxemburg«. Doch irgendwann waren Theater dieses bescheidenen Zuschnitts nicht mehr lebensfähig, viele wurden zu Kinos. Eine Entwicklung, die sich damals in Ost wie West vollzog.

Gespielt wurden hauptsächlich alte UFA- und Tobisfilme. Ich erinnere mich an »Kohlhiesels Töchter«, in dem Joseph Eichheim seinen Kumpan Beppo Brehm immer mit Spezi anredete, wodurch dieses oberdeutsche Wort

Das Puhlmann-Kino in der Schönhauser Allee

auch bei uns Mode wurde. Es lief auch der Film »Titanic«, die dramatische Darstellung vom Untergang des englischen Luxusdampfers im Jahre 1912. Mein Vater sagte: »Da kannste was lernen von den Engländern; obwohl ihnen das Wasser bis zum Halse steht, spielt die Kapelle weiter ›God save the Queen!‹« Eigentlich hatte er ja auch weitergespielt, als ihm das Wasser bis zum Hals stand, aber ich sagte nur: »Vielleicht waren nicht alle Musiker Engländer; es können ja auch Ungarn dabeigewesen sein und Deutsche ...«

Später erfuhr ich, daß Goebbels den Film, der 1943 in Gdingen gedreht worden war, zur Vorführung im Reich nicht freigegeben hatte, weil er zu wenig englandfeindlich war. Die Premiere hatte im besetzten Paris stattgefunden. Klar, daß er nach Kriegsende in Deutschland gern eingesetzt wurde.

Gut erinnern kann ich mich an »Große Freiheit Nummer 7«. Er lief zu der Zeit, als mein Vater sagte: »Wenn du Lust hast, kannst du mir zur Hand gehn am Wochenende, wenn so ein Gedrängel ist ...« Gedrängel war eigentlich immer, obwohl drei- bis viermal am Tag gespielt wurde. Vor den Kassen waren lange Schlangen, und jede Vorstellung war restlos ausverkauft. Kein Wunder, Fernsehn gab es noch nicht, die Leute hatten noch nicht einmal alle ein Radio. Kino war nach Kriegsende das billigste Vergnügen.

»Große Freiheit Nummer 7« war eigentlich ab achtzehn. Aber ein Kartenabreißer mußte die Stellung halten und wachsam sein, auch wenn es ein minderjähriger Hilfskartenabreißer war. Leise summte ich das Lied »Beim ersten Mal, da tut's noch weh« mit und sagte synchron mit Hans Albers: »Gib mal die Trompete her!« Auch »Sophienlund«, »Romanze in Moll«, »Allotria«, »Wiener Blut«, »Münchhausen« und viele andere Filme konnte ich auf diese Weise sehen.

Es war eine schöne Zeit. Ich riß Karten ab, fragte dabei nie einen Jugendlichen nach seinem Ausweis, verkaufte in den Pausen Mohnbonbons, Naute genannt, und spritzte nach Ende der Vorführung den Saal mit Fichtennadelextrakt aus.

Die Besitzerin des Puhlmann-Kinos war eine Dame namens Margarethe Werner, eine Jüdin, die als Wiedergutmachung bevorzugt die Lizenz erhalten hatte. Aber das Privileg hatte auch eine Schattenseite: die Steuern. Seine Erfahrungen in der Buchhaltung ermöglichten es meinem Vater, sich um die Abrechnungen zu kümmern, und bald war er eine Art Geschäftsführer. Er saß bis spät im Büro.

Eines Tages brachte er einen verblichenen Aktendeckel mit nach Hause und sagte: »Lies das mal; hätt ich gar nicht gedacht von dem Laden.« Er schob mir eine alte Gewerbeordnung hin, in der es u. a. hieß: »Schauspielerunternehmer bedürfen zum Betrieb ihres Gewerbes der Erlaubnis. Dieselbe ist ihnen zu erteilen, wenn nicht Tatsachen vorliegen, welche die Unzuverlässigkeit des Nachsuchenden in bezug auf den beabsichtigten Gewerbebetrieb dartun. Beschränkungen auf bestimmte Kategorien theatralischer Darstellung sind unzulässig.«

Danach konnte jeder, der als unbescholtener Bürger angesehen wurde, bei der Gewerbepolizei eine Theaterkonzession beantragen.

»Verdammt liberale Zeiten damals«, sagte mein Vater, »dieser Puhlmann war ein gewöhnlicher Kneipier, und weil er einen Biergarten in der Schönhauser Allee hatte, konnte er 1869 ein Vaudeville-Theater gründen. Und es auch selber leiten, bis 1883.«

Ich sagte: »Warum regt dich das so auf?«

»Weil sie uns den Hahn abdrehn, mein Junge«, sagte er. »Ganz dusemang, aber unerbittlich!«

Wenig später begriff ich, was er meinte. Im Prater in der Kastanienallee wurde ein staatliches Kino eröffnet, es bekam die zugkräftigen Filme, die Kassenschlager. Das Puhlmann-Kino durfte nur noch russische, polnische, tschechische und rumänische Filme spielen. Einige davon sind heute internationale Kultfilme, aber damals brachten sie einen bösen Rückgang in den Einnahmen. So besann sich Margarethe Werner auf die Operettenzeit. Sie beschloß, nachmittags Kino zu spielen, eine Kindervorstellung, eine für Erwachsene, und abends um 19 Uhr 30 Operette, und begann gleich mit der Zugnummer »Hochzeitsnacht im Paradies« von Friedrich Schröder. Die Rechnung ging auf, das Kino-Theater schrieb wieder schwarze Zahlen.

Auch für mich brachte diese Programmerweiterung eine Veränderung. Ich ging nach Feierabend von der Möbeltischlerei ins Puhlmann-Theater und baute Dekorationen für das nächste Stück, das aufgeführt werden sollte. Es hieß »Herz über Bord«. Natürlich waren das für mich willkommene Nebeneinnahmen, aber das war nicht das Ausschlaggebende. Es machte mir Spaß, etwas Neues zu bauen, ein Dekorationsstück, das es vorher nie gegeben hatte, und es dann im Bühnenlicht zu sehen.

Leider fand auch die Operetten-Episode ein rasches Ende. Das staatliche Metropol-Theater zog ins Colosseum, dieser Konkurrenz war das »Puhlmann« auf Dauer nicht gewachsen. Frau Werner versuchte mit Hilfe meines Vaters gegenzusteuern, indem sie Varieté- und Schlagervorstellungen ins Haus holte. Die Filmvorführungen brachten keine Einnahmen mehr, und die Schulden wuchsen. Anfang der sechziger Jahre mußte das Theater geschlossen werden. Es verfiel und wurde abgerissen. Wo die »Dollarprinzessin«, der »Bettelstudent« und »Hochzeitsnacht im Paradies« über die Bretter gingen, parken heute Autos. Der Slogan »Puhlmann-Theater – Dein Theater!« gehört unwiderruflich der Vergangenheit an.

Es sei noch gesagt, daß Frau Margarethe Werner den Niedergang ihres Theaters nicht lange überlebte und nach traditionell jüdischer Sitte auf dem Friedhof in Weißensee beigesetzt wurde, wobei mich der Gesang des Kantors besonders beeindruckte.

Welche Folgen hatte das Ende des »Puhlmann« für mich? Um es keß zu sagen: Ich kriegte die Kurve. Ich bewarb mich als Dekorationstischler in den Werkstätten in der Zinnowitzer Straße, die zu den Staatstheatern gehörten. Am 13. November 1950 bekam ich eine Anstellung in der Tischlerei der Staatsoper, Abteilung Schauspiel.

Neuer Anfang mit Rausschmiß

Bei meinen ersten Arbeiten interessierte mich die künstlerische Seite der Produktion wenig. Ich baute Dekorationen für die Kammerspiele zu dem Stück »Auch in Amerika« von Gustav von Wangenheim, danach für Albert Lortzings »Undine«, eine Inszenierung der Staatsoper, die damals noch in der Friedrichstraße untergebracht war, dort, wo später das Metropol-Theater einzog.

Danach begann die ganze Tischlermannschaft mit dem Bau der Dekoration zu »Die Mutter«, einem Stück, das Bertolt Brecht nach einem Roman von Maxim Gorki geschrieben hatte. Ich wußte darüber nichts weiter, hatte nur gehört, daß Brecht aus amerikanischer Emigration nach Berlin gekommen war und mit seinem Ensemble Gastrecht am Deutschen Theater genoß. Dorthin wurden auch die Dekorationen geliefert. Ich wurde als Theatertischler mitgeschickt, um eventuelle Umbauten oder Reparaturen an Ort und Stelle zu erledigen. Die Proben mit den Schauspielern liefen bereits in den Originaldekorationen. Dabei stellte sich heraus, daß einiges nicht paßte; es waren Kleinigkeiten, und wir beschlossen, sie gleich auf der Hinterbühne zu ändern. Das ging nicht ohne Hämmern ab, und ich war es wohl, der am eifrigsten hämmerte, denn ich wollte vor den Kollegen vom Deutschen Theater nicht schlecht abschneiden. Bis Brecht aus dem Zuschauerraum brüllte: »Wer macht denn dort so einen Krach?! Der Mann ist unfähig fürs Theater, sofort fristlos entlassen!«

Ich war furchtbar erschrocken. Ein Bühnentechniker vom Deutschen Theater hatte mir geraten: Wenn Brecht zu schreien anfängt, dann hau ab! Aber wohin? Und die

Dekoration mußte ja aufgestellt werden! Ich machte meine Arbeit weiter, obwohl mich die fristlose Entlassung schwer schockiert hatte.

Als ich in der Kantine auf diesen Schock einen Bittern trank, trat plötzlich Helene Weigel an meinen Tisch. Sie riet mir, den Vorfall nicht weiter tragisch zu nehmen. Solche Kräche gebe es in jedem Theater, und nach der Probe sei alles wieder vergessen.

So war es auch. Die Arbeit ging weiter, von Kündigung war keine Rede mehr. Am 12. Januar 1951 fand die Premiere der »Mutter« statt. Sie war ein großer Erfolg. Als wir die Dekorationen abbauten, kam die Weigel zu mir und sagte: »Vielleicht sollten wir's zusammen versuchen, wir brauchen noch gute Techniker am Berliner Ensemble!«

Wenn ich jetzt behaupten würde, ich hätte gedacht: Was für ein Glück, das mach ich, wäre das falsch. Ich wußte wenig von der neuen Truppe und mußte mich erst einmal kundig machen. So erfuhr ich, daß Helene Weigel die Frau von Brecht war und am 1. September 1949 ein neues Theater gegründet hatte, das Berliner Ensemble. Die Weigel war Intendantin, Brecht Regisseur und künstlerischer Leiter. Über Brecht sagte mir jeder, er habe 1928 mit der »Dreigroschenoper« im Theater am Schiffbauerdamm einen Welterfolg gehabt, Musik von Kurt Weill, Regie Erich Engel, Bühnenbild Casper Neher. Dann Emigration, die Länder öfter als die Schuhe wechselnd, zum Schluß aus Amerika nach Ost-Berlin. Das war doch was! Daß so ein Mann vom Staat gefördert wurde, leuchtete mir ein. Intendant Wolfgang Langhoff räumte dem Ensemble Gastrecht am Deutschen Theater und in den Kammerspielen ein. So gab es schon vor meiner Zeit vier Inszenierungen. Im Januar 1949 »Mutter Courage und ihre Kinder« mit Helene Weigel in der Hauptrolle, unter der Regie von Bertolt Brecht und Erich Engel. Im November 1949 »Herr Puntila und sein Knecht Matti«, mit Leonard Steckel als Puntila und Erwin Geschonneck als Matti, Regie Erich Engel und Bertolt Brecht. Im Dezember 1949 »Wassa Shelesnowa« von Maxim Gorki, mit Therese Giehse in der Titelrolle, unter der Regie von Berthold Viertel, und im August 1950 »Der Hofmeister« von Jakob Michael Reinhold Lenz, mit Hans Gaugler in der Titelrolle, unter der Regie von Bertolt Brecht und Casper Neher.

Da die Koordinierung der Proben für zwei Ensembles auf einer Bühne recht schwierig war, stellte das Ministerium für Kultur dem Berliner Ensemble Geld für den Bau eines eigenen Probenhauses zur Verfügung. Es entstand in der Reinhardtstraße 29, gegenüber dem Deutschen Theater, durch den Umbau einer alten Reitschule, Tattersall genannt. Brecht gefiel das englische Wort nicht, er sprach immer von der Exerzierhalle. Jedenfalls waren früher dort Pferde abgerichtet worden. Der Krieg hatte das Gebäude in eine Ruine verwandelt. Man restaurierte sie, baute ein neues Dach, und so entstand eine Probenbühne mit 150 stufenweise angelegten Sitzplätzen. Die Bühnenfläche entsprach annähernd der des Deutschen Theaters. Es gab zusätzliche Arbeitsräume, das BE, wie das Berliner Ensemble auch genannt wird, hatte damit ein provisorisches Domizil. Es lag nahe genug beim Deutschen Theater, in dem dann ohne größere Probleme die End- und Generalproben stattfinden konnten. Um die Aufführungen des BE von anderen abzugrenzen, wurde ein spezieller Vorhang geschaffen, den Picassos Friedenstaube als Erkennungssymbol des Berliner Ensembles zierte.

Am 10. Februar 1951 trug Brecht in sein Arbeitsjournal ein: *angenehmes proben im neuen probenhaus (in den trümmern der reinhardtstraße). schon so kleine dinge, wie daß man in reinlichen wänden probiert statt der verschmierten anderer stücke, und daß hier nichts vorgeht als eben probieren, machen viel aus, und wenn wir erst durchgesetzt haben, daß bei tageslicht probiert wird ... (da, wo räusche angerührt werden, gibt es keine fenster, in kirchen, brauereien und theatern). BIBERPELZ UND ROTER HAHN lassen sich gut an.*

Die Schauspielertruppe, die Brecht um sich geschart hatte, konnte sich sehen lassen: Ernst Busch, Erwin Geschonneck, Wolf Kaiser, Angelika Hurwicz, Therese Giehse, Käthe Reichel, Gerhard Bienert, Ernst Kahler, Willi Schwabe, Regine Lutz, Sabine Thalbach, Friedrich Gnass, Heinz Schubert und andere. Es war eine gute Mischung aus alt und jung, das gefiel mir, und so entschloß ich mich als junger Spund von achtzehn Jahren, im Berliner Ensemble als Bühnentischler anzufangen.

Am 5. Februar 1951 ging ich vom Bahnhof Friedrichstraße den Schiffbauerdamm am Spreeufer bis zur Luisenstraße hinab, bog vor der Reichstagsruine rechts ein und marschierte bis zum Künstlerclub »Möwe«. In einem Seitenflügel des Hauses waren das Intendantenbüro der Weigel, das künstlerische Betriebsbüro, das Büro des Verwaltungsdirektors, das Lohn- und Einkaufsbüro und die Telefonzentrale untergebracht. Da ich zu früh gekommen war, hatte ich Gelegenheit, im Büro der Intendanz in Zeitungen zu blättern.

Zu meiner Überraschung las ich im »Neuen Deutschland«, die »Mutter Courage« sei ein Musterbeispiel von Formalismus, und eine Dame namens Johanna Rudolph behauptete, Ironie sei für das Volk unfruchtbar. Die

Weigel kam, sah, was ich las, und sagte, als wir in ihrem Zimmer waren: »Die Dame heißt nicht Rudolph, und recht hat sie auch nicht. Brecht meint, dann müßte man auch alle Lenin-Reden von kämpferischem Humor reinigen. Sowas soll sie vor Berliner Arbeitern sagen, da wird sie sehn, was die für einen Sinn für Ironie haben!« Gleich darauf sprach sie von meinem Stundenlohn, er betrug eine Mark und dreiundsechzig Pfennige. Obwohl ich keinen Einwand machte, sagte sie: »Ja, ich weiß, aber wir müssen uns alle nach der Decke strecken!« Später stellte ich fest, daß das eine Sentenz aus der »Courage« war.

Bömelburg, acht-zehnjährig, gerade eingestellt am Berliner Ensemble

Als Arbeitsbereich wurde mir das neue Probenhaus in der Reinhardtstraße zugewiesen. Mein Chef war Walter Meier, der technische Leiter des Hauses.

»Ach ja, unterschreiben müssens auch noch!«

Ich unterschrieb und dachte: Jedenfalls läßt du dich da auf was ein.

»Learning by doing!«

Ich kam mitten in die Vorbereitungen zu Gerhart Hauptmanns »Biberpelz und Roter Hahn« in der Regie von Egon Monk, Bühnenbild Heinz Pfeiffenberger. Gerhard Bienert und die Giehse spielten die Hauptrollen.

Wenn Brecht in der Nähe war, bemühte ich mich, leise zu hämmern. In dieser Hinsicht gab es auch keine Klagen mehr.

An Meier hatte ich natürlich tausend Fragen, die er mehr oder weniger nervös beantwortete, bis er mich anherrschte: »Du bist doch ein Deutscher! Bismarck sagte: Man setze den Deutschen auf ein Pferd, reiten wird er schon können! Soll heißen, mach deine Arbeit, dabei lernst du sie!«

Der Mann hatte recht.

Kleider machen Leute

Brecht sah ich jeden Morgen kommen. Pünktlich um 9 Uhr 30 hielt sein altes Auto, ein Steyr, vor dem Probenhaus. Der Wagen war völlig durchgerostet, alle Teile der Karosse klapperten, der Boden war durchlöchert, aber er fuhr. Jeder Mitarbeiter, der dort stand und auf den Beginn der Probe wartete, wurde von Brecht durch Lüften der Mütze und mit einem Guten Morgen begrüßt. Brecht war immer sehr einfach gekleidet, seine Jacken ähnelten Schlosserkitteln.

Einmal stand das Müllauto auf dem Hof, und die Müllkutscher holten die Tonnen ab. Die mußten sie jedesmal über eine Betonschwelle heben, was sie ärgerte. Brecht hatte sein Auto auf der anderen Straßenseite abgestellt und kam auf den Hof, in einem blauen Arbeitsanzug, wie wir ihn alle trugen. Da brüllte ihn ein Müllkutscher an: »Du, renn nicht vorbei, faß lieber mit zu!«

Danach baute ich auf Brechts Anregung eine Holzrampe, mit deren Hilfe die Schwelle ohne Anstrengung überwunden werden konnte.

Der große Raucher

Im Probenhaus, oben, in der ersten Etage, war das Arbeitszimmer Brechts. Dort besprach er den Probenablauf mit seinen Assistenten Benno Besson, Peter Palitzsch, Isot Kilian, Claus Hubalek und vielen anderen. Pünktlich um zehn kam Brecht, umgeben vom Schwarm seiner Mitarbeiter, zur Probe in den Zuschauerraum. Mit einer dicken Zigarre in der Hand setzte er sich in einen Ohrensessel, neben dem ein kleiner runder Tisch mit einem Aschenbecher stand.

Brecht rauchte während der Arbeit immer Zigarren, obwohl das Rauchen im Probenraum

Karikatur von Elizabeth Shaw

verboten war. So hatte er im Deutschen Theater immer wieder Ärger mit dem Intendanten Wolfgang Langhoff, dem technischen Direktor Ruppert und der Feuerwehr. Der größte Ärger war der mit der Feuerwehr. Wenn man ihm das Rauchen während der Arbeit nicht zubilligte, werde er die Arbeit einstellen, drohte Brecht. Die Intendanz gab nach, und die Feuerwehr postierte fürderhin einen Löschdienstmann mit einem Eimer Wasser neben Brechts Regiestuhl.

Fahnden nach Volkskunst

Oft kamen Laienspielgruppen, die Brecht-Stücke einstudiert hatten und vom Meister wissen wollten, ob sie ihn recht verstanden hatten. Eines Tages wurde eine Gruppe aus Köthen angekündigt mit einer Aufführung des Stückes »Die Gewehre der Frau Carrar«, inszeniert von Manfred Wekwerth. Brecht schien schon einige Informationen erhalten zu haben, er bat uns, die Gruppe zu unterstützen. Was hieß, ihr mit Dekorationen und Kostümen zu helfen, doch auch mit Tips, wie man alles theatergerecht einsetzt. Vor der Aufführung lief Manfred Wekwerth im Probenraum aufgeregt hin und her und fragte, was nach unserem Eindruck Brecht für eine Meinung zu seiner Inszenierung haben werde. Wir sagten, daß Brecht uns gebeten habe, seine Truppe zu unterstützen, und daß wir nicht glaubten, daß sich der Meister geirrt habe. Er hatte sich nicht geirrt!

Nach der Vorstellung bot Brecht der Darstellerin der Carrar, dem Darsteller des Fischers Pedro, Erich Franz, dem Regisseur Manfred Wekwerth und dem Bühnenbildner Harro Neujahr die Mitarbeit am Ensemble an. Wekwerth, Franz und Neujahr nahmen das Angebot an.

Am 26. November 1952 schrieb Brecht in sein Arbeitsjournal: *wir fahnden nach volkskunst und, natürlich, in einem hochindustrialisierten land wie deutschland muß man da weit in der zeit zurückgehen. wir machen den fehler, daß wir nach volkskunst nur in die richtung der etablierten künste schauen, nach malerei, musik, tanz usw. gerade da ist alles verheert durch eben diese künste. statt dessen sollten wir mehr auf solche künste schauen wie möbeltischlerei, eisenschmiedekunst, theaterschneider usw. künste, die vor unsern augen aus mangel an würdigung verfallen.*

Ein Podest für den Meister

Die Umsetzungsproben für »Mutter Courage« erstreckten sich über eine längere Frist. So hatte ich Gelegenheit, Brecht genauer kennenzulernen. Er wollte alles wissen, merkte sich die kleinsten Dinge. Wenn der Courage-Wagen nicht auf der Markierung stand, unterbrach er die Probe und rief: »Der Wagen stimmt nicht!« Trotzdem mußte er zu dem Ergebnis gekommen sein, daß er noch nicht die rechte Übersicht hatte. Er äußerte uns, den Technikern, gegenüber den Wunsch, drei Meter höher zu sitzen. Ob sich das machen ließe? Natürlich ließ sich das machen, obwohl es eine knifflige Arbeit war. Wir mußten von einer Firma ein drei Meter hohes Podest einmauern lassen und dabei die notwendigen Sicherheitsbestimmungen einhalten. Ein Sturz aus solcher Höhe hätte halsbrecherisch sein können. Es ging aber alles gut. Wir stellten Brechts Sessel auf das Podest. Der Meister zündete sich seine Zigarre an und führte nun von diesem erhöhten Standpunkt aus Regie.

Ein Huhn für die Weigel

Helene Weigel kam als Marketenderin in der »Courage« mit dem Rupfen des Huhns nicht zurecht. Sie suchte jemanden, der ein Huhn so kaschieren konnte, daß man seine Federn rupfen und zur nächsten Vorstellung wieder reinstecken konnte. Eduard Fischer aus Potsdam bot sich an, so ein Huhn zu konstruieren; es würde aber eine Menge Geld kosten, denn das Zusammensetzen der Federn sei eine schreckliche Arbeit. »Wenn das Huhn funktioniert, wird es die Unkosten wieder einspielen«, sagte die Weigel und behielt recht. Das Huhn ließ sich geduldig rupfen, in vielen Vorstellungen im In- und Ausland.

Brecht war begeistert und bot Fischer an, im Berliner Ensemble als Kascheur in fester Anstellung zu arbeiten. Fischer war einverstanden, und in einer Ecke des Hofs wurde für ihn eine Werkstatt eingerichtet. Dort, in der Reinhardtstraße, baute er auch den wunderbaren Pfau für Sean O'Caseys »Juno und der Pfau« und den legendären Drachen für das gleichnamige Stück von Jewgenij Schwarz, das im Deutschen Theater, unter der Regie von Benno Besson, zur Aufführung kam.

Nagelprobe

Bei den letzten Arbeiten zur »Courage« kam es noch einmal zu einem Hammerdisput zwischen Brecht und mir.

Ich baute die Rahmen für die Probenwände zur nächsten Inszenierung, als Brecht herauskam und sagte, ihn würde das unregelmäßige Nageln stören. Er warte immer auf den nächsten Schlag, wisse aber nie, kommt er oder kommt er nicht. Brecht bat: »Tuns mir den Gefallen und klopfens gleichmäßig, da könnens klopfen, soviel Sie wollen!«

Helene Weigel als
Mutter Courage

29

Warschauer Winter

Im Dezember 1952 nahm ich zum erstenmal an einem Auslandsgastspiel teil. Die Tournee ging nach Polen, in die Städte Warschau, Krakau, Lodz. Vorgesehen waren Aufführungen der »Courage«, der »Mutter« und von Kleists »Zerbrochenem Krug«. Es war das erste Gastspiel einer deutschen Bühne nach dem Krieg, und wir waren recht unsicher, wie man uns aufnehmen würde. Es gab großen, ehrlichen Beifall, und wir waren erleichtert.

Bei unseren Spaziergängen und Besichtigungen wurden wir immer von polnischen Sicherheitsleuten begleitet.

Das Leid, das Deutsche Polen zugefügt hatten, war weder vergessen noch vergeben. Ich weiß, wie ich einmal aus irgendeinem Grund allein in eine Kneipe kam. Als ich als Deutscher erkannt wurde, sagte ein junger Mann erbittert: »Hast du eine Mutter?« Ich bejahte, und er sagte: »Ich nicht!« Fragte nach meiner Schwester, und wieder kam die Replik: »Ich nicht! Weil ihr auch meine Schwester umgebracht habt!« Seine Augen waren voller Haß. Andere am Tisch nahmen mich in Schutz, redeten auf ihn ein und schoben mir ein volles Wodkaglas zu. Es war der Versuch einer Versöhnung, es ging laut zu, man lud mich zu Privatbesuchen ein. Doch ich war froh, als ich wieder bei meinen Leuten war.

Wir besuchten das Ghetto-Denkmal, fuhren ins ehemalige Konzentrationslager Auschwitz und legten Kränze nieder. An einem dieser Abende muß es gewesen sein, als Erwin Geschonneck von seinen Erlebnissen auf der »Cap Arkona« erzählte. Das Schiff war mit KZ-Häftlingen voll beladen und wurde in der Lübecker Bucht kurz vor Kriegsende von englischen Bombenfliegern versenkt. Von viertausend Häftlingen überlebten dreihundertfünfzig, unter ihnen Geschonneck.

Wir waren nach dieser Erzählung alle sehr bedrückt. Ich warf ein: »Ich hab mal einen Film gesehen über den Untergang der ›Titanic‹.«

Da erwiderte Geschonneck: »Mein Junge, das war die ›Cap Arkona‹, mit der Tobis 1943 den Titanic-Film gedreht hat ...«

Anderntags besuchten wir die Königsburg Wawel, Weihnachten verbrachten wir im Hotel. Es gab viele Geschenke und Essen vom Feinsten. Wir wußten, daß Polen noch schwer unter den Kriegsfolgen litt und daß wir als Staatsgäste bevorzugt behandelt wurden. Aber wir spürten auch echte, von Herzen kommende Freundschaft. Obwohl wir bei dem raschen Wechsel der Spielorte und den damit verbundenen Umbauten oft bis zur Erschöpfung arbeiten mußten, gehört die Polenreise zu meinen schönsten Erinnerungen.

Die Mühen der Ebene

Der »Urfaust« hatte im April 1952 in Potsdam Premiere gehabt und war sehr gut angekommen. Brechts Wunsch war es, ihn ins Deutsche Theater zu übernehmen. So begannen wir Anfang 1953 im DT mit den Proben.

Sie zeigten, daß es für das Berliner Ensemble im Deutschen Theater immer noch technische und künstlerische Schwierigkeiten gab. Möglicherweise gab es auch ideologische Hindernisse. Jedenfalls probte Brecht bis zur Bewußtlosigkeit, wie man so sagt.

Als Abendvorstellung war der »Puntila« angesagt, dafür mußten die Dekorationen aufgebaut werden. Intendant Langhoff und der technische Direktor flehten Brecht an, die Proben abzubrechen. Brecht blieb stur.

Um 17 Uhr teilten die beiden Brecht mit, jetzt sei alles zu spät, die Puntila-Vorstellung müsse ausfallen. Brecht fing an zu schreien, er lasse sich nicht erpressen, und warf den Intendanten des DT nebst seinem technischen Direktor hinaus, also aus ihrem eigenen Theater. Zu seiner Truppe sagte er: »Heute abend spielen wir den ›Urfaust‹!«

Ob das mit den Schauspielern abgesprochen war, weiß ich nicht. Für die Technik war es jedenfalls ein Schreckschuß. Wir waren von Brecht dazu angehalten worden, jeden technischen Vorgang in Szenarien einzutragen und uns minutiös daran zu halten. Es wurde eine Angstvorstellung – und ein großer Theaterabend. Brecht dankte uns in einem Brief und bat, alles genau zu fixieren, damit die weiteren Aufführungen von gleicher Qualität blieben.

Am 4. März 1953 schrieb Brecht in sein Arbeitsjournal: *unsere aufführungen in berlin haben fast kein echo mehr, in der presse erscheinen kritiken monate nach der erstaufführung, und es steht nichts drin, außer ein paar kümmerlichen soziologischen analysen. das publikum ist das kleinbürgerpublikum der volksbühne, arbeiter machen da kaum 7 prozent aus. die bemühungen sind nur dann nicht ganz sinnlos, wenn die spielweise späterhin aufgenommen werden kann, dh wenn ihr lehrwert einmal realisiert wird. (das gilt, obwohl wir alles tun, für jetzt, für die theaterabende, für das publikum von jetzt unser bestes zu liefern.)*

17. Juni 1953

An diesem Tag sollte im Kulturhaus des Kabelwerks Oberspree, in der Wilhelminenhofstraße, das russische Lustspiel »Ein fremdes Kind« von Aschan Tokajew aufgeführt werden, in der Regie von Wolfgang Böttcher. Wir fuhren morgens los und wunderten uns, daß die Straßen mit Demonstrationszügen vollgestopft waren. Zu der Aufführung kam es nicht, wir wurden wieder zurückgeschickt. Das Wort »Streik« fiel. Auf der Fahrt ins Probenhaus wurden wir mit Steinen beworfen und als Streikbrecher beschimpft. Was war geschehen? Die Bauarbeiter der Stalinallee gingen aus Protest gegen die Heraufsetzung ihrer Arbeitsnormen auf die Straße. Viele Betriebe schlossen sich an. Es kam zu Ausschreitungen und Krawallen. Um die Ordnung und Ruhe in Ostberlin wiederherzustellen, wurden sowjetische Streitkräfte in die Stadt gebracht. Panzer rollten durch die Straßen, der Ausnahmezustand wurde ausgerufen. Nach mehreren Tagen der Unruhe und auf Grund der Zugeständnisse, die unsere Regierung den Arbeitern machte, normalisierte sich das Leben wieder.

Ich weiß, die Meinungen zu den Vorgängen am 17. Juni gehen weit auseinander, aber für mich stellte sich die Situation so und nicht anders dar.

Mißglückte Besteigung des Hatelma-Berges

»Herr Puntila und sein Knecht Matti« sollte in einer neuen Inszenierung herauskommen, nicht mehr mit dem ruhigen und korpulenten Leonard Steckel, sondern mit Curt Bois, der war klein, beweglich wie ein Wiesel und neigte zu artistischen Aktionen. In den zwanziger Jahren hatte er mit dem Chanson »Ich mache alles mit den Beinen, mit den Beinen, mit den Beinen ...« Erfolg gehabt.

Im »Puntila« gibt es die berühmte Szene, in welcher der Gutsherr und sein Chauffeur Matti den Hatelma-Berg besteigen, eingeleitet durch die schöne Sentenz des betrunkenen Puntila: »Matti, wollen wir den Hatelma-Berg besteigen? Ich denke, wir könnten es im Geiste tun ... Du folge meinen Direktiven!«

Nach Puntilas Direktiven zerschlägt Matti die Möbel und baut daraus den Hatelma-Berg. Eine Sache mit Haken und Ösen für uns Techniker; denn die verschiedenen Türen und Schrankwände, die Matti alias Erwin Geschonneck zu einem Berg auftürmte, mußten ja alle verankert sein. Im ursprünglichen Text hieß es: »Matti, schon' dich nicht, damit ich meine zwei Zentner sicher den Berg raufbring!« Die zwei Zentner wurden gestrichen. Im Vergleich mit Steckel war Bois geradezu ein Strichmännchen. Aber ihm passierte es! Während der Generalprobe brach er sich beim Hinauftänzeln auf den Hatelma-Berg ein Bein, die Premiere mußte verschoben werden. Der Eulenspiegel-Journalist Carl Andrießen dazu: »Das kommt davon, wenn man alles mit den Beinen macht!«

Panzer in Prora

Für Juli 1953 lag die Einladung zu einem vierwöchigen Gastspiel in Prora auf Rügen vor, einem Ostseebad, in dem sich Unterkünfte der Kasernierten Volkspolizei befanden, der Vorgängerin der Nationalen Volksarmee. Einst waren die kastenartigen Bauten in Prora als monumentale Massenherberge für Urlauber der Naziorganisation »Kraft durch Freude«, kurz KdF, geplant. Nur ein Teil des Großprojekts konnte damals realisiert werden, dann kam der Krieg dazwischen. Nun, dreizehn Jahre später, waren Kasernen mit Blick aufs Meer daraus geworden.

Wir sollten dort den »Zerbrochenen Krug«, »Die Gewehre der Frau Carrar« und »Ein fremdes Kind« spielen. Doch unsere Fahrzeuge erreichten Prora nicht, sie blieben im Sand stecken und mußten von Panzern auf die Straße gezogen werden. So entschied man sich, in das Kulturhaus in Binz auszuweichen. Die Soldaten wurden mit Lastkraftwagen dorthin gefahren.

Zu unserm Erstaunen gab es aber im Zuschauerraum nur wenig Uniformierte. Die Ursache des Besucherschwunds war ein Rummelplatz in der Nähe. Die Soldaten gingen brav ins Kulturhaus, verschwanden dann in der Toilette, türmten von dort durch einen Hinterausgang und genossen bei Bratwurst, Bier und Mädchen ihre Freiheit. Theater war für viele nur eine andere Art Politinformation. Davon bekamen sie genug in der Kaserne, aber Ausgang gab's selten.

Helene Weigel ließ den Kulturoffizier kommen und sagte: »Wissens eigentlich, was so ein Gastspiel kostet? Wenn bei der nächsten Vorstellung der Saal nicht voll ist, fahren wir nach Hause!« Ab sofort war der Saal bis auf den letzten Platz besetzt.

Noch einmal Rügen

Wir wohnten in Sellin, in einem Ferienheim. Dort sollte das in den Großbetrieben der DDR und der Armee angewandte Zwei-Klassen-System auch für uns gelten. Die Künstler sollten wie im Offiziers-Casino verpflegt werden, die Techniker wie die einfachen Soldaten. Da machte die Weigel einen Riesenkrach. Wortgewaltig setzte sie durch, daß wir die gleiche Verpflegung erhielten wie die Künstler. Bei ihrem Protest benutzte sie Wendungen aus der »Courage«. Sie spielte auch im praktischen Leben gern die Rolle der resoluten Mutter. Als ein Techniker erkrankte, wurde er mit ihrem Auto nach Berlin gebracht. Sie fuhr mit dem Bus.

Abschiedsfeuerwerk

Die Mitglieder des Ensembles hatten beschlossen, an einem spielfreien Abend in das Groß-Café an der Steilküste tanzen zu gehen. Plätze waren vorbestellt, sonst wären wir gar nicht reingekommen. Nach den anstrengenden Arbeitstagen hieß es nun »Leinen los!«, um es im Seemannsjargon zu sagen. Wir tranken und tanzten, was das Zeug hielt. Alle starrten uns an, denn wie Vertreter einer sozialistischen Nationalkultur wirkten wir nicht: Enge Schlauchhosen, Ringelsöckchen, Schuhe mit dicken Kreppsohlen, dazu eine Art zu tanzen, die jeden Kulturhausleiter entsetzen mußte, nämlich »auseinander«. Das galt als »amerikanische Tanzentartung«. Ich habe in vielen Sälen ein Schild gesehen mit der Aufschrift »Tanzen Sie geschlossen!« Die Musiker provozierten wir zu »He babariba«, »Alibaba«, »Ciu, ciu, ciu« und ähnlichem vergnüglichen Unsinn. Gegen zwei Uhr nachts, als uns der Gaststättenleiter zum dritten Mal klargemacht hatte, daß nun endgültig Feierabend sei, entschlossen wir uns, die Steilküste hinabzutrudeln und in der Ostsee zu baden. Kaum waren wir im Wasser, wurde geschossen. Eine Leuchtkugel ging hoch, die Grenzer belehrten uns, daß das Betreten des Strandes nach Einbruch der Dunkelheit verboten sei; Rügen war Grenzgebiet. Da wir für Grenztruppen gespielt hatten, kannte man uns – das Donnerwetter der Weigel hatte gewirkt –, und es passierte zum Glück nichts. Im Pressewald waren die Schüsse gehört worden – in den einschlägigen norddeutschen Blättern gab es am nächsten Tag Schlagzeilen wie: »Schauspieler des Berliner Ensembles an der Ostseeküste von Grenzern beschossen«. Was ja stimmte. Und von »getroffen« war nicht die Rede.

Der Umzug

Im »Katzgraben« gibt es ein Lied von der alten und der neuen Zeit. Für uns begann die neue Zeit mit dem Umzug in das Haus am Schiffbauerdamm.

Das Ensemble des »Theaters am Schiffbauerdamm« konnte mit seinem Intendanten Fritz Wisten endlich in das Haus der Volksbühne am Rosa-Luxemburg-Platz einziehen, nachdem die Kriegsruine mit viel Arbeit in ein modernes Theater verwandelt worden war.

Brecht konnte sich nun seinen langgehegten Wunsch erfüllen, er zog mit dem BE in das Theater am Schiffbauerdamm. Dort hatte er 1928 den Erfolg mit seiner »Dreigroschenoper« gefeiert.

1894 erbaut, war es ein Haus mit Tradition, das den Zweiten Weltkrieg fast unbeschädigt überstanden hatte. Einige Brandbomben, die durchs Dach geschlagen waren, konnten von den Bewohnern der angrenzenden Mietshäuser gelöscht werden.

Nach dem Krieg übernahm Rudolf Platte das Haus, ein wunderbarer Komiker, aber als Intendant vielleicht nicht energisch genug. Jedenfalls löste Fritz Wisten ihn ab und führte das Theater, bis 1954 Brecht und die Weigel mit dem Berliner Ensemble einzogen.

Erste Feststellung für uns Techniker: Das Haus war auf einen täglichen Spielplanwechsel nicht eingerichtet. Man hatte bisher immer mehrere Wochen dasselbe Stück gespielt, deshalb gab es kein Magazingebäude. Ein Weg links am Theater vorbei führte zum Bühneneingang, zur Intendanz und zu den Garderoben der Schauspieler. Rechts am Theater ging es zu den Büros und den Räumen der Technik. Neben dem Theater stand die Ruine einer Schule; Fritz Wisten hatte das

Grundstück vorausschauend für das Theater erworben. Auf diesem Gelände wurde ein weitläufiger Neubau errichtet, in dem das Magazin, mehrere Büros, eine kleine Probebühne, ein Küchentrakt mit Kantine Platz fanden. Eine weitere Ruine überdachte man und schuf damit Arbeitsräume. Die zu kleine Probebühne wurde für die Theaterarbeit wenig genutzt. Aber man traf hier, Klavier spielend und singend, Manfred Krug und Wolf Biermann, die damals zum BE gehörten. Wolf Biermann war Regieassistent, und Krug spielte mit Eva-Maria Hagen eine kleine Rolle im »Katzgraben«. Später hieß es, Krugs einziges Verdienst am BE sei es gewesen, von Brecht persönlich hinausgeworfen worden zu sein.

Allerlei Umbauten

Bevor wir in das Theater am Schiffbauerdamm einziehen konnten, war eine Reihe von Umbauten nötig,
was nicht einfach war. Das Theater stand unter Denkmalschutz, und jede Veränderung mußte genehmigt
werden. Der Zuschauerraum mit knapp 700 Plätzen im
Parkett, erstem und zweitem Rang, blieb unverändert
erhalten. Die Mitteloge im ersten Rang – sie wurde
Regierungs-, Staats- oder Präsidentenloge genannt – war
bereits 1953 aus Sicherheitsgründen mit gepanzerten
Seitenwänden und einem Baldachin versehen worden.
Schließlich war schon einmal ein Präsident im Theater
erschossen worden, und zwar im 19. Jahrhundert in den
Vereinigten Staaten. Man konnte schließlich auch mal
von Amerika lernen! Natürlich wurde durch den Baldachin die Sicht aus dem zweiten Rang beeinträchtigt.
Aber wie hieß noch die amerikanische Regel? Safety
first!

Um von der Bühne auf dem kürzesten Weg ins Magazin zu kommen, brach man einige Wände zu den Neben-
räumen durch und baute einen Holzsteg ins Magazingebäude. Eine praktische Lösung, die nur einen Haken
hatte: Im Winter gab es Probleme, wenn wir aus dem
warmen Bühnenraum kamen und die Dekorationen
über den vereisten Steg transportierten. Die Erkäl-
tungskrankheiten nahmen rapide zu, und nichts ist ner-
vender für einen Regisseur als verschnupfte und husten-
de Bühnenarbeiter. Auch empfindliche Dekorations-
stücke überstanden den Temperatursturz nicht immer
unbeschadet. Aber wie es so schön hieß: Das Neue setzt
sich im Kampf durch. Mit Wattejacken, Streusand und
Zeltplanen bekamen wir die Sache in den Griff.

Das größte Abenteuer war der Einbau einer neuen Drehscheibe. Sie hatte einen Durchmesser von zwölf Metern und lief auf gummibeschichteten Panzerrädern. Einer der Monteure, der 1944 in der Lüneburger Heide »Königstiger« getestet hatte, erzählte uns, daß das Laufsystem von Ferdinand Porsche erfunden worden sei und beispielsweise auch in den russischen T-34 eingesetzt wurde. Unsere Drehscheibe war also ein Porsche-Modell, was uns belustigte.

Später las ich in den Memoiren von Ferry Porsche, daß sein Vater das Laufwerk von einem Amerikaner namens Christie abgekupfert hatte. Die Wirtschaft war eben immer international, nur wir sollten uns »störfrei« machen und alles selber erfinden. Was hieß: uns von der Weltentwicklung abkoppeln.

Friedensvertrag mit der Technik

Um die Bühne voll ausnutzen zu können und die Schauspieler näher ans Publikum heranzubringen, wurde der Orchestergraben zugebaut. Carl Andrießen meinte: »Theo Mackeben hätte das nie zugelassen!«

Mackeben hatte in dem Haus bei der Uraufführung der »Dreigroschenoper« dirigiert, später war er Unterhaltungsmusiker geworden.

Die Verwaltungs- und Probenräume wurden verändert und renoviert, Beleuchtungs- und Tonanlagen modernisiert. Der besseren Akustik wegen wurde um die Bühne ein fester Horizont gebaut.

All diese Umbauten waren natürlich mit den damals üblichen Schwierigkeiten der Materialbeschaffung verbunden. Ewig mußte man auf die simpelsten Dinge warten, und der Volksmund prägte den Spruch: »Das geht alles seinen sozialistischen Gang!« Gott sei Dank griffen Weigel und Brecht immer wieder in diesen Gang ein, indem sie bei Pontius und Pilatus anriefen. Ohne ihre ständigen Mahnungen hätte der Umbau viel länger gedauert. Ihre Zielvorgabe hieß: Eröffnung im Frühjahr 1954. Auf einen genaueren Termin ließen sie sich aber nicht ein.

Eine besondere Aktion war die Montage einer Leuchtreklame mit der Inschrift »Berliner Ensemble«, ein Kreis von vier Metern Durchmesser, aus Leuchtstäben zusammengesetzt und drehbar montiert. Als sich der rote Kreis mit weißer Schrift auf dem Turm des Theaterdaches zum ersten Mal drehte, war Brecht sichtlich gerührt. Er dankte den Technikern in einem Brief und versprach, nie wieder Krach zu machen, und wenn doch, sollten wir ihn an sein Versprechen erinnern. Daraufhin schrieben wir auf eine Stoffbahn einen Text, der sich an einen bekannten Dreigroschenoper-Song anlehnt (»Der Mensch, der ist nicht gut ...«):

»Ist der Brecht in Wut,/ dann ist er auch nicht gut./ Versucht, ihn auf den Hut zu hauen,/ dann wird er wieder gut.« Diese »Friedensfahne« wurde in den Schnürboden gezogen, heruntergelassen wurde sie jedoch nie.

*Das Berliner
Ensemble
am Schiffbauer-
damm*

Brecht als Durchstreicher

Nach Fertigstellung der Ausbauten inspizierte Brecht das Haus. Er stand im Zuschauerraum und sah sich den wunderschönen, reich verzierten Theatersaal an. Über der Kaiserloge prangte der alte Reichsadler. Der sollte unbedingt noch entfernt werden. Das war aber nicht möglich, da das Haus unter Denkmalschutz stand. Brecht sagte: »Den machen wir weg, indem wir ihn durchstreichen!«

Bühnenbildner Hainer Hill schnürte einen Pinsel an eine lange Stange und malte mit roter Farbe ein dickes Kreuz über den Adler.

Blick auf die Bühne des Berliner Ensembles

»Nun spielt im schönen Haus ...«

Da das Haus im täglichen Wechsel bespielt werden sollte, mußte der technische Stab erheblich vergrößert werden. Außer dem leitenden technischen Direktor wurden zwei Bühnenmeister eingestellt, vier Seitenmeister, zwei Maschinenmeister, zwei Schnürbodenmeister, zwei Vorhangzieher und vierzehn Bühnenhandwerker. Bei der Einstellung achtete man darauf, daß jeder einen theaterpraktischen Beruf erlernt hatte. Zum Beispiel Zimmermann, Tischler, Maler oder Schlosser.

Auch andere Abteilungen mußten erweitert werden: die Beleuchtung, die Requisite, die Dekorateure. So kamen auch einige Kollegen von den DEFA-Studios in Babelsberg als Bühnenhandwerker ans BE.

Die Arbeitszeitregelungen waren streng, das Theater mußte auch vormittags für den Probenaufbau von der Technik und den anderen Abteilungen besetzt sein. Die Proben dauerten in der Regel von 10 bis 14 Uhr, dann wurde die Probendekoration abgebaut. Um 15 Uhr 30 begann bereits der Aufbau für die Abendvorstellung.

Der genaue Ablauf der Umbauten auf dem Schnürboden, am Maschinenstand und am Vorhang wurde in einem Szenarium festgehalten, und es war eine gut aufeinander eingespielte Mannschaft notwendig, dieses Szenarium unter Leitung des Bühnenmeisters auf die Sekunde genau in Theaterarbeit umzusetzen.

Für die unterschiedlichen Vorstellungen wurde auch eine unterschiedliche Anzahl von Technikern gebraucht. Nach Ende jeder Vorstellung wurde die Dekoration komplett abgebaut und die Bühne leergeräumt, damit für den Probenaufbau am nächsten Tag alles frei war.

Bühnentechniker auf dem Hof des Berliner Ensembles (Bömelburg 2. v. r.)

Am 19. März 1954 wurde das Haus mit der festlichen Aufführung der Komödie »Don Juan« von Molière, natürlich in einer Bearbeitung des Berliner Ensembles, eröffnet. Regie führte Benno Besson, das Bühnenbild stammte von Hainer Hill, die Musik von Jean Baptiste Lully, bearbeitet von Paul Dessau. Den Don Juan spielte Erwin Geschonneck. Unter den Ehrengästen war auch Wilhelm Pieck, der Präsident der Republik. Er besuchte jede Premiere im BE mit seiner Tochter, es gab freundschaftliche Beziehungen zu Brecht und Weigel.

Brecht verfaßte zur Eröffnung des Theaters folgenden Spruch:

>   »Theater spieltet ihr in Trümmern hier.
>   Nun spielt in diesem schönen Haus
>   Nicht nur zum Zeitvertreibe.
>   Aus euch und uns entsteh' ein friedlich WIR.
>   Damit dies Haus und manches andre bleibe!«

Spannungsunterschiede zwischen Berlin und Paris

Im Mai 1954 fuhren wir nach Paris, um am Festival im Theater »Sarah Bernhard« teilzunehmen. Es sollten »Mutter Courage« und »Der zerbrochene Krug« gespielt werden. Zum ersten Mal wurde unsere Drehscheibe samt Antriebsmotoren mitgenommen; auf ihr rollte der Planwagen der Händlerin, ohne diese zwölf Meter große Scheibe war unsere Inszenierung der »Courage« nicht spielbar. Wir dachten, der Transport würde das größte Problem sein. Es kam aber in Paris eine unerwartete Schwierigkeit hinzu.

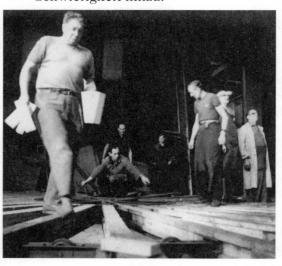

Einbau der Drehscheibe bei einem Gastspiel

An alles hatten die Herren Vorbesichtiger gedacht, nur nicht an die Stromspannung. Wahrscheinlich waren sie alle Naßrasierer, sonst hätten sie schon im Hotel bemerken müssen, daß nicht mehr als 110 Volt durch ihren Rasierapparat flossen. Mehr waren auch im Theater

»Sarah Bernhard« nicht vorhanden. Das hieß: nichts ging mehr, weder die Maschinen noch die Scheinwerfer, auch die Tonanlage schwieg. Guter Rat war teuer, im wahrsten Sinne des Wortes. Es mußte ein Stromaggregat aus einem Filmstudio geliehen werden, das die notwendige Spannung von 220 Volt herstellte. Und Filmstudios verleihen nichts kostenlos, egal wie oft das Wort Freundschaft im Festivalprogramm vorkommt.

Sei's drum: Das Gastspiel wurde ein großer Erfolg. Theaterfachleute aus aller Welt sahen zum ersten Mal das »Brecht-Theater« aus Ostdeutschland. Daraufhin bekamen wir Einladungen nach England, Italien, Ungarn und in die Sowjetunion. Das Berliner Ensemble war binnen kurzer Zeit weltberühmt.

Weigel-Schelte

Wir spielten die »Courage« zum ich weiß nicht wie-
vielten Male, alles lief ab wie gewohnt, und trotzdem
gab es nach der Vorstellung einen Riesenkrach. Was war
passiert?

In Brechts Regieanweisung hieß es: »Im Herbst 1634
begegnen wir der Courage im deutschen Fichtelgebir-
ge, abseits der Heerstraße. Der Winter in diesem Jahr
kommt früh und streng. Die Geschäfte gehen schlecht,
so daß nur Betteln übrigbleibt.«

Ernst Busch leitet den berühmten Salomon-Song mit
den Worten ein: »Werter Herr, Gesinde und Hausbe-
wohner!« Dann singt er von dem vergeblichen Versuch,
sich tugendhaft durchs Leben zu schlagen und kommt
zu der Erkenntnis:

> »Hier seht ihr ordentliche Leut,
> haltend die zehn Gebot.
> Es hat uns bisher nichts genützt,
> Ihr, die ihr am warmen Ofen sitzt,
> Helft lindern unsre Not ...«

Endlich die erlösende Stimme von oben: »Ihr da,
kommt herauf! Eine Brennsupp könnt ihr haben!«

Die abgerissenen Bettler Ernst Busch und Helene
Weigel nehmen ihre Löffel, um im Pfarrhaus die Brennsupp zu essen – und das Publikum sieht am Courage-
Wagen reichlich Schinken, Speck und Würste hängen.
Die Berliner nehmen es für einen Verfremdungseffekt,
grübeln darüber und sagen sich mit Brecht: Kunst ist halt
schwer!

Nach der Vorstellung tobte die Weigel: »Wollt ihr mich
verarschen? Ich bettle um Brennsupp, und mein Wagen
hängt voller Fressalien?!«

Es war der linke Seitenmeister, der für das Unglück geradestehen mußte. Die Requisite hatte vergessen, Schinken, Speck und Würste abzuhängen. Ein Versäumnis, das ihr zu Recht schwer angekreidet wurde. Wie konnte das passieren?

Der Courage-Wagen wurde in allen dreizehn Bildern verändert. Die Plane, die Bretter mit der Aufschrift »Mutter Courage Spezereien« und der Zuggurt mußten immer älter aussehen, wurden also ausgewechselt. Die Requisiten am Wagen: Schnallen, Gürtel, ein Branntweinfäßchen, Holzbecher, Bratspieße, Kellen ... wurden nach und nach abgeräumt oder gegen ältere ausgetauscht. In diesem ständigen Wechsel hatte im neunten Bild ein Requisiteur zwei, drei Handgriffe versäumt, was tadelnswert war, aber erklärlich. Die Seitenmeister wechselten manchmal, und mit ihnen auch die Handwerker. Der Bühnenmeister hatte auf hundert Dinge gleichzeitig zu achten. So blieben Wurst, Speck und Schinken diesmal hängen. Der Versuch, darin politische Sabotage zu sehen, war absurd, aber es gab ihn.

Kreidekreis und Kritik

Die Inszenierung von Brechts »Kaukasischem Kreidekreis« war von besonderer Art. Jedes Bild, jede Szene wurde auf der Probe entwickelt. So kam es, daß ein Bild erst nach wochenlangen Probearbeiten festgelegt wurde. Das konnte sich natürlich nur jemand leisten, für den Kosten keine Rolle spielten. In fast einjähriger Probezeit wurden Dekorationen gebaut und wieder verworfen. Brecht versuchte immer wieder etwas Neues, gab sich selten zufrieden.

Für die Technik war der »Kreidekreis« eine besondere Herausforderung, die uns nach vielem Nachdenken zu einem eignen Vorschlag inspirierte: Vorn auf der Bühne lief Grusche auf der sich drehenden Scheibe; hinten, unsichtbar fürs Publikum, setzte die Technik Häuser auf, die dann der Grusche entgegenfuhren. Das ersparte Umbau und Vorhang. Brecht sah sich das von hinten an und war so begeistert, daß er seine bisherigen Ideen wieder verwarf.

Die Premiere des »Kreidekreises« im Oktober 1954 war ein großer Erfolg. Aber in der Presse warfen Leute wie Alfred Kurella Brecht vor, er sei offensichtlich nie in einer Kolchose gewesen, was stimmte. Sie begriffen nicht, daß es sich hier um eine Parabel handelte und die Kolchose nur einen stilisierten Hintergrund lieferte. Abgesehen davon hatte Kurella in seinen Artikeln über die wirklichen Lebensbedingungen in einer Kolchose, die er ja aus eigener Erfahrung kannte, keine Auskunft gegeben, aus gutem Grund.

Hier irrt Helene Weigel

Eines Tages entdeckte die Weigel auf einer Kulissenwand ein Wort, das es in den fünfziger Jahren im DDR-Duden nicht gab; es stand auf einer Dekoration zum »Don Juan«. Sie empörte sich ein bißchen und sagte: »Wenn das der Engel liest, was soll er von uns denken?« Erich Engel wohnte in West-Berlin und war ein ungewöhnlich zurückhaltender Regisseur. Sie schloß mit der Bemerkung: »Übrigens schreibt man das mit V!« Damit ging sie ab, Entrüstung spielend.

Alle lachten, es gab einen lebhaften Disput über V oder F, auch die entsprechenden Verben wurden erörtert. Niemand bemerkte Brecht, der hinter den Kulissen stand. Als Eulenspiegel-Andrießen fragte: »Und wenn einer sagt, du kannst mir mal den Hobel blasen?«, verwies Brecht den Frager mit einer spöttischen Bemerkung an uns Tischler und verschwand.

Was sollten wir sagen? In Ferdinand Raimunds Hobellied aus dem »Verschwender« heißt es: »Da klopf ich meinen Hobel aus und denk, du brummst mir gut!« Manchmal bläst man den Hobel auch aus, wenn feine Späne drin sind. Daß man unter »Hobeln« auch anderes verstand, war uns wohlbekannt. Mir fiel dabei ein Tucholsky-Text ein, den Ernst Busch gerne sang: »Keine so wie du die Flöte bliese, Anna-Luise!«

Aber um darüber zu sinnieren, hätte man Karl Valentin sein müssen, Brechts Lehrmeister und auch ein Tischler. Nur, wer von uns war schon Karl Valentin?

»Wenn ich dem Proletariat Reichtum biete, muß er auch echt sein!«

Im Mai 1956 kam »Der Held der westlichen Welt« heraus, eine Komödie von John Millington Synge in der Übersetzung von Peter Hacks und Anna Elisabeth Wiede. Regie führten Peter Palitzsch und Manfred Wekwerth. Die spektakuläre Hauptrolle spielte Heinz Schubert. »Er hat sein Pappa umgebracht!« wurde zu einem geflügelten Unwort in Ost-Berlin. Gern erinnere ich mich an den Schauspieler, der mit einem Spaten im gespaltenen Kopf über die Bühne robbte und seinen Sohn beschimpfte; es war Harry Gillmann, gedacht soll seiner werden!

Danach begannen die Proben zum »Galilei«, Brechts letzter Inszenierung. Das Bühnenbild sollte nach Entwürfen Casper Nehers geschaffen werden. Der Perfektionist Brecht suchte einen Farbton in Richtung rotbraun, aber alles, was man ihm auf den Probenwänden zeigte, gefiel ihm nicht. Immer wieder fragte er die Technik: »Hätten Sie einen Vorschlag?« Wer von uns es vorgeschlagen hat, weiß ich nicht, jedenfalls war es verwegen: Die Wände mit Kupferblech zu benageln. Kupfer, mein Gott, das war doch beinah ein Edelmetall ... Die Kumpel holten es in Mansfeld auf Knien aus den Schächten, mit enormen Kosten. Aber das Wort Kosten spielte bei uns eine untergeordnete Rolle. Trotzdem rang sich einer zu dem Einwand durch, man könne doch anstelle des Kupfers eine Imitation verwenden. Das lehnte Brecht ab mit der Begründung: »Wenn ich dem Proletariat Reichtum biete, muß er auch echt sein!« Die Kupferbleche wurden schließlich aus Belgien importiert.

Brecht gefiel die Kupferdekoration; genau der richtige Farbton und ein interessantes Material. Nachdem die Wände in den Werkstätten gebaut worden waren, bekamen wir es mit der Angst; wer sollte die sechs Meter hohen Dinger transportieren? Auch Brecht machte sich Sorgen, erkundigte sich laufend: »Ist das möglich? Kann man das der Technik zumuten?« Das war sein Beitrag, das komplizierte Problem zu lösen. Er inspirierte uns, regte unsere Phantasie an und unseren Ehrgeiz. Hätte uns ein technischer Direktor Befehle gegeben, hätten wir ihm vielleicht bewiesen, daß er Unmögliches verlange. Brechts einfühlsamem Nachfragen ist es zu verdanken, daß die Kupferdekoration mit den massiven Eichenmöbeln und den Kunstschmiedegittern ein wunderbares Bühnenbild wurde, in dem 1957 Ernst Busch und 1970 Wolfgang Heinz den »Galilei« spielten.

Die Premiere am 15. Januar 1957 erlebte Brecht nicht mehr. Mitten in der Arbeit zum »Galilei« starb er am 14. August 1956. Erich Engel führte die Regiearbeit zu Ende.

Drei Särge

Brechts Wunsch war es, in einem rohen Kiefernsarg begraben zu werden, so jedenfalls sagte man es uns Handwerkern. In den einschlägigen Geschäften gab es aber nur dunkelbraun- oder schwarzlackierte Särge. Ein solcher wurde uns gebracht mit der Aufforderung, ihn in einen Rohsarg zu verwandeln.

Wir machten uns daran, mit Glasscherben den Lack abzuziehen. Brauchbare Ziehklingen gab es nicht, und Hobeleisen waren nicht elastisch genug. Bei dieser Arbeit, die durch die barocke Wölbung des Sargdeckels erschwert wurde, schnitt ich mir die Finger an den Scherben so schlimm auf, daß man mich in die Unfallklinik brachte. Dort nähte man mir zwei Finger.

Brecht wurde am 17. August 1956 um 8 Uhr 45 auf dem Dorotheenstädtischen Friedhof im Kreise der Familie und enger Freunde beigesetzt. Bei den offiziellen Kranzniederlegungen am Nachmittag bildete eine Einheit der Nationalen Volksarmee auf dem Friedhof Spalier.

Am 18. August fand im Theater am Schiffbauerdamm eine offizielle Trauerfeier statt. Ich saß mit verbundenen Fingern dabei.

Später las ich in der Brecht-Biographie von Werner Mittenzwei, Brecht sei, seinem Wunsch gemäß, in einem Stahlsarg beerdigt worden.

In der großen Bild-Monographie von Ernst Schumacher kann man lesen, Brecht wurde, wie er verfügt hatte, in einem Zinksarg gegenüber den Gräbern von Hegel und Fichte beigesetzt.

Nachschub

In der Zeit nach Brechts Tod kamen viele neue Mitarbeiter und Regisseure ans BE. Das waren: Hartwig Albiro, Helmut Baierl, Fritz Bennewitz, Ruth Berghaus, Uta Birnbaum, Volker Braun, Wolf Bunge, Friedrich Dieckmann, Piet Drescher, Herbert Fischer, Klaus Erforth, Christoph Brück, Werner Hecht, Werner Heinitz, Manfred Karge, Jürgen Kern, Peter Konwitschny, Peter Kupke, Matthias Langhoff, Fritz Marquardt, Carlos Medina, Karl Mickel, Kurth Veth, Wolfgang Pintzka, Jürgen Pörschmann, Alejandro Quintana, Helmut Rabe, Axel Richter, Günter Schmidt, Christoph Schroth, Hans-Georg Simmgen, Alexander Stillmark, Joachim Tenschert, B. K. Tragelehn, Holger Teschke, Aljoscha Westermann, Hein Trilling, Konrad Zschiedrich, Jochen Ziller.

Bühnenbilder schufen: Karl von Appen, Dieter Berge, Hans Brosch, Ilona Freyer, Jochen Finke, Manfred Grund, Pieter Hein, Eberhard Keienburg, Karl Kneidl, Klaus Noack, Andreas Reinhardt, Matthias Stein, Lothar Scharsich, Hans-Ulrich Schmückle, Einar Schleef.

Die Musiken zu unseren Stücken stammten unter anderem von Rainer Böhm, Paul Dessau, Hanns Eisler, Marcello Fortin, Friedrich Goldmann, Hans Dieter Hosalla, Henry Krtschil, Jean Baptiste Lully, Kurt Schwaen, Rudolf Wagner Régeny, Kurt Weill.

BERTOLT BRECHT

Zum Londoner Gastspiel

Für das Gastspiel in London müssen wir zwei Dinge beachten.
Erstens zeigen wir den meisten Zuschauern nur eine
Pantomime, eine Art Stummfilm auf der Bühne, da sie nicht
Deutsch können. (In Paris hatten wir Festspielpublikum,
internationales Publikum – und wir spielten nur wenige
Tage.) Zweitens besteht in England eine alte Befürchtung,
die deutsche Kunst (Literatur, Malerei, Musik) sei
schrecklich gewichtig, langsam, umständlich und
"fußgängerisch".

Wir müssen also schnell, leicht und kräftig spielen. Es
handelt sich nicht um hetzen, sondern um eilen, nicht nur
um schnell spielen, sondern um schnell denken. Wir müssen
das Tempo der Durchsprechproben haben, aber dazu leise
Kraft, eigenen Spaß fügen. Die Repliken sollten nicht
zögernd angeboten werden, wie man jemandem die eigenen
letzten Schuhe anbietet, sondern sie müssen wie Bälle
zugeworfen werden. Man muß merken, daß da viele Künstler
als ein Kollektiv (Ensemble) an der Arbeit sind, Geschichten, Ideen, Kunststücke gemeinsam dem Publikum
zu übermitteln.

Gute Arbeit!

3. 8. 1956

BERLINER ENSEMBLE AM SCHIFFBAUERDAMM BERLIN N 4 AM SCHIFFBAUERDAMM 4• RUF: 42 58 71

Fäden ziehen in London

Die England-Tournee stand bevor. Meine Finger waren zwar genäht, aber noch lange nicht heil. Doch ich wollte auf keinen Fall zu Hause bleiben. Für die Reise brauchte ich die Genehmigung des Unfallarztes. Ich mußte mich verpflichten, in London mit einem Dolmetscher ein Krankenhaus aufzusuchen und mir die Fäden ziehen zu lassen.

Beim London-Gastspiel (Bömelburg 3. v. r.)

Wenn Brecht noch gelebt hätte, wer weiß, ob er mich hätte mitfahren lassen. Er konnte Heldengebaren nicht ausstehen. Zu einem Schauspieler, der sich ernsthaft verletzt hatte, aber glaubte, die Vorstellung retten zu müssen, sagte er böse: »Wir spielen doch nur Theater!«
Das Londoner Gastspiel fand August/September 1956 im PALACE statt und dauerte vier Wochen. Aufgeführt wurden »Mutter Courage«, »Der kaukasische Kreidekreis«, »Pauken und Trompeten«. Alle Vorstellungen waren ausverkauft. Das Publikum stand am Abend

schon mit Klappstühlen vor dem Theater, um Karten für die nächsten Tage zu bekommen.

Ich biß bei der Arbeit die Zähne zusammen und konnte trotzdem nicht wie gewohnt zufassen. Zum Glück gab es keine Komplikationen. Die Fäden wurden gezogen, der Dolmetscher brauchte wenig zu erklären. Heute habe ich zwei Narben an den Fingern, die mich an Brecht erinnern.

Reisen zu Lande, zu Wasser und in der Luft

Vielleicht sollte ich etwas über die Art des Reisens sagen, über den Transport unseres Theaterapparats, meine ich. Wir spielten bei jeder Gastvorstellung wie im eigenen Haus. Also war eine Menge zu verladen: Dekorationen, Möbel, Teppiche, Aushänge, Requisiten, Kostüme, Masken, Tontechnik, Musikinstrumente und, wenn gebraucht, auch die Drehscheibe mit den Motoren. Wichtigstes Transportmittel waren die Skoda-Lastzüge, die uns der staatliche Kraftverkehr für Fahrten ins Ausland zur Verfügung stellte. Auch auf dem Ostgüterbahnhof wurde Fracht verladen. Später brachten dann Tieflader die Güterwagen auf den Theaterhof. Als die Containerzeit anbrach, nutzten wir gern diese grauen Kästen. Auftragnehmer war das staatliche Transportunternehmen »Deutrans«. Das garantierte uns den Transport bis vor die Tür des jeweiligen Theaters und den Rücktransport.

Wir haben unsere Dekorationen auch auf Schiffe verladen. So fuhren in Venedig die Lastwagen direkt in den Hafen der Lagunenstadt. Dort wurde alles auf Transportkähne umgeladen und per Wasserweg durch die Kanäle zum Theater gebracht.

Als wir in Tbilissi gastierten, mußten wir unsere Dekorationen einem russischen Transportflugzeug, Typ »Antonow 12«, anvertrauen. Dazu wurde extra ein spezielles Gestell gebaut, das eine gleichmäßige Gewichtsverteilung garantierte. Wir mußten mehrmals probeladen, denn es durfte während des Fluges unter keinen Umständen zu einer Gewichtsverschiebung kommen.

Man kann sagen, die Transporte fanden zu Lande, zu Wasser und in der Luft statt.

Heimspiel in Köthen

Zu einem kurzen Gastspiel mit »Mutter Courage« ging es nach Köthen/Anhalt bei Dessau. Es war die Heimatstadt des Regisseurs Manfred Wekwerth und des Schauspielers Erich Franz. Die Stadtväter hatten lange versucht, das Berliner Ensemble in ihr kleines Theater zu holen. Das BE hatte mehrmals abgewinkt, denn die Aufführung der »Courage« war, wie schon gesagt, ohne Drehscheibe unmöglich, doch der Aufbau der Drehscheibe im dortigen Theater war es ebenso.

Wir Techniker knobelten und fanden eine Lösung: Der Courage-Wagen wurde so aufgebockt, daß die Räder frei waren. Die beiden Schauspieler »zogen« den Wagen auf der Stelle laufend, und ein Kollege und ich saßen im Wagen und drehten die Räder, so daß der Effekt entstand, der Wagen rolle.

Erich Franz gab dem Gastspiel zusätzlichen Glanz: Er heiratete. Vor der Aufführung stellte er für die Technik einen Kasten Bier – Original-Köthen-Bräu – auf die Bühne. Dies sah die Weigel. Sofort zog sie den Kasten eigenhändig in die Garderobe mit dem Kommentar: »Ihr könnt ja Bier trinken, aber erst nach der Vorstellung!«

Vorhang-Notate

Es wurde oft gefragt: »Warum der halbhohe Brecht-Vorhang? Man kann ja darüber hinwegsehn und zuschauen, wie dahinter gebaut wird.« Ich konnte nur mit den Worten Brechts antworten, daß die Technik wichtig ist für den Ablauf der Vorstellung, warum sollte man sie nicht sehen? Außerdem ließ sich die halbhohe Gardine schnell auf- und zuziehen, unterbrach den Handlungsablauf nicht und half so, den Spannungsbogen einer Vorstellung zu halten, der durch das Herunterlassen des Hauptvorhangs jedesmal unterbrochen worden wäre.

Noch ein anekdotischer Nachtrag: Ich war dabei, als das Haus in Weißensee eingerichtet wurde und erinnere mich, daß sich Brecht bei den Gardinen eine Blendleiste verbat; man sollte die Technik sehen, mit der die Vorhänge bewegt wurden.

Im Theater hatte der Brecht-Vorhang noch einen kleinen Ableger in der Regie-Loge. Dort saßen Assistenten mit Regiebüchern oder Gäste mit Zeichenblöcken, zum Beispiel Herbert Sandberg oder Tadeusz Kulisiewicz. Wenn sie eine Idee packte, konnten sie die Logengardine zuziehen und ungestört arbeiten. Öfters saßen auch Assistenten mit Theaterschülern in der Loge, um ihnen bestimmte Stellen zu erklären.

Eines Tages montierte der Bühnenmeister die Logengardine ab. Hinter vorgehaltener Hand erzählte man sich, ein Assistent habe seiner Schülerin bestimmte Stellen im »Kreidekreis« erklären wollen; als bald drauf der Meister selber mit einer Assistentin in die Loge trat, um ihr das Verhalten des Azdak gegenüber einer jungen Bäuerin zu erklären, habe er festgestellt, daß der Assistent bei geschlossenem Vorhang erklärte! Daraufhin habe die Prinzipalin befohlen, die Logengardine zu demontieren.

Ich habe überlegt, ob ich solche Klatschgeschichten in meine Erinnerungen aufnehme oder nicht. Da aber Helmut Baierl schon 1973 in seinem vergnüglichen Büchlein »Die Köpfe oder das noch kleinere Organon« solche Vorkommnisse ausgeplaudert hat, will ich damit auch nicht hinterm Berg halten.

Das Halstuch

Pablo Picasso hatte ein weiteres Taubensymbol gezeichnet; es war auf den Halstüchern der französischen Jugenddelegation zu den Weltfestspielen in Berlin zu sehen: Vier Köpfe in verschiedenen Hautfarben, in der Mitte die Friedenstaube, ringsum in zwölf Sprachen: »Friede allen Völkern«. Das BE übernahm das Motiv, fügte sein Erkennungszeichen, den Kreis mit der Inschrift »Berliner Ensemble« hinzu und verwendete es als Hintergrund bei Vorstellungen. Man druckte es auch als Halstuch, das zu besonderen Anlässen an Mitarbeiter und Gäste verschenkt wurde.

Im »Neuen Deutschland« wurden die vier Köpfe wegen mangelnder realistischer Durcharbeitung als formalistisch kritisiert. Helene Weigel schrieb einen Leserbrief, es handle sich um vier Theatermasken, deshalb könne von Formalismus keine Rede sein. Basta!

Helene Weigel
in Nanterre, 1971

»Der Garten des Azdak«

Da die kleine Probebühne nicht genutzt werden konnte, entschloß man sich, eine größere zu bauen und dabei gleich die Magazinprobleme durch die Aufstockung des Ruinengebäudes zu lösen. Es entstand eine Probebühne mit 100 Sitzplätzen in der ersten Etage, dazu kamen Magazinflächen, eine Werkstatt für den Bühnenbildner Karl von Appen, Gästezimmer und Aufenthaltsräume. Nachdem das Gebäude fertig war, kam Helene Weigel auf die Idee, einen Teil des Hofes mit Bäumen und Sträuchern zu bepflanzen und unter strohgedeckten Sonnenschirmen Tische und Stühle aufzustellen. Auf Vorschlag der Technik erhielt diese Erholungsanlage den Namen »Garten des Azdak«.

Lieber Bömelburg!

Wir möchten Ihnen mit diesem Foto von
Bertolt Brecht und einer "Berliner En-
semble"-Mappe für unsere zehnjährige
Zusammenarbeit herzlich danken.

Helene Weigel

Berlin, 13. Februar 1961

Ein nobler Schauspieler

Wolf Beneckendorff hatte einen berühmten Onkel, den Generalfeldmarschall und Reichspräsidenten Paul von Beneckendorff und von Hindenburg. Doch Wolf Beneckendorff hatte mit dem Militär und Hitler nichts im Sinn, er hatte während des Krieges an Schweizer Theatern gespielt. Brecht holte ihn ans Berliner Ensemble. Er ließ sich als Obrist von der Lagerhure Yvetta alias Regine Lutz in der »Mutter Courage« abschleppen, er war ein alter Kardinal im »Galilei« und ein beredter Anwalt im »Kreidekreis«. In seiner Wohnung in Adlershof veranstaltete er private Klassikerlesungen. Er hatte gern junge Leute um sich. Mich bestellte er in seine Wohnung, um mir ganz spezielle Tischlerarbeiten aufzutragen. Er umgab sich gern mit Preziosen, hatte eine Sammlung alter Uhren, trug kostbare Ringe, nur das adlige »von« in seinem Namen trug er nicht mehr; man durfte ihn nur mit Herr Beneckendorff anreden. Die Uhren und Schmuckstücke wollte er in greifbarer Nähe haben. So mußte ich Rundstäbe als Ständer anfertigen, sanft anspitzen und sie dann in Griffnähe an einem schwenkbaren Tisch neben seinem Bett befestigen. Diese Hölzer behängte er mit den Preziosen. Ich weiß noch, daß ich zur soliden, aber doch veränderbaren Befestigung einer Armbanduhr ein durchbohrtes Modellholz konstruieren mußte. Wolf Beneckendorff bezahlte jeden Handgriff fürstlich. Wo andere ein Pfund gegeben hätten, legte er einen Hundertmarkschein hin. Junge Männer, die an den Uhren und Ringen auf den Ständelhölzern herumspielen durften, machten aus dem Spiel ernst. Sie rafften Uhren und Ringe zusammen, und als er protestierte, erschlugen sie ihn. Das geschah am 3. Februar 1960.

Zwei Farcen nach der Tragödie

1. Saufen im Bahnhofslokal

Die heitere Episode spielte sich in Karl-Marx-Stadt ab, das heute wieder Chemnitz heißt. Die Schauspieler Axel Triebel und Friedrich Gnass nahmen gern einen zur Brust und zogen zu diesem Zweck durch die Lokalitäten, bis sie in der Mitropa-Gaststätte des jeweiligen Ortes landeten, denn die hatte rund um die Uhr geöffnet.

Als der Inspizient kurz vor Beginn der Vorstellung in die Garderobe der Weigel kam, um ihr mitzuteilen, daß die beiden noch nicht im Hause waren, wußte die Chefin sofort Rat. Sie rief die Bahnhofspolizei an und bat, die Herren für die Vorstellung auszuliefern, und verpflichtete sich, sie nach der Vorstellung zur Polizei zurückzubringen. Was immer ohne jegliche Folgen blieb, denn Saufen im Bahnhofslokal war ja nicht verboten.

2. Verhaftung in Wandlitz

Zu einer Zeit, als unsere Regierung noch nicht ihren Sitz in Wandlitz hatte, machten wir einen Betriebsausflug dorthin. In einer HO-Gaststätte am See war das Essen vorbereitet, es gab Wildschwein vom Spieß, wir spülten es auch ordentlich runter.

Abends wurde getanzt, unsere Damen kamen sicher nicht zu kurz, aber mir stach ein freundliches Wesen hinter der Garderobe ins Auge. Wir kamen ins Gespräch. Der Zufall ließ die Klappe zur Garderobe defekt sein, und ich konnte mein Tischlerherz ins Spiel bringen, natürlich auch Hammer und Zange. Dem Wesen gefiel das, auf den Mund gefallen war es auch nicht, es begleitete meine Arbeit mit dem schönen Spruch: »Ein Hobel, der nicht pfeift, ein Tischler, der nicht säuft …« Da hörte sie auf. Mutig zitierte ich den weiteren Text: »… ein Mädchen, das nicht stille hält, das paßt nicht in diese Welt.«

Einer sagte: »Du gehst ja ganz schön ran, Bömel!« Es war Erwin Geschonneck. Er machte einen Kratzfuß und deklamierte: »Schönes Fräulein, darf ich's wagen, Ihnen ein Glas Rotwein anzutragen?«

Sie sagte: »Lieber Weißwein.«

Geschonneck hatte aber weder roten noch weißen Wein bei sich. Er sagte: »Bömel, hol uns was zu trinken!«

Was blieb mir übrig? Auf der Bühne mußte Geschonneck zwar als Puntilas Knecht Wein heranschleppen, hier aber war er King. Ich erstand eine Flasche Kokeltaler Mädchentraube und drei Gläser.

Das junge Mädchen hieß Annemarie, und sie hatte Spaß daran, mit zwei Theaterleuten zu flirten. Annemarie tanzte mit mir, und Geschonnek mußte auf die Garderobe aufpassen; sie tanzte mit Geschonneck, und ich paßte auf die Garderobe auf. Außerdem paßten wir aufeinander auf. So ging das drei Flaschen lang. Dann wurden Geschi und ich verhaftet.

Ein Kriminalpolizist in Zivil zeigte uns seinen Dienstausweis, der aussah wie das Mitgliedsbuch der Gesellschaft für deutsch-sowjetische Freundschaft, und forderte uns auf, zur Klärung des Sachverhalts mitzukommen. Ein Auto brachte uns aufs Revier. Dort stellte sich folgendes heraus: Im oberen Stockwerk des Objektes gab es Fremdenzimmer, die aber leer standen. In einem davon hatte der Wirt die Lohnkasse eingeschlossen. An jenem Abend hatte er festgestellt, daß die Tür aufgebrochen worden war. Von der Garderobe aus führte eine Treppe nach oben, die von einem Vorhang verdeckt war. Als der Kripomann den Wirt fragte, ob ihm etwas aufgefallen sei, wollte der Wachsamkeit bekunden und berichtete, zwei Männer hätten auffällig lange an der Garderobe rumgelungert, und immer wieder sei mal einer weggewesen. Daß der mit Annemarie getanzt hatte, erwähnte er nicht. Entweder hatte er es nicht gesehen, oder er wollte seine Angestellte nicht in den Fall hineinziehen.

Der Kripomann war noch dabei, listige Fragen zu stellen, als der Wirt hereinkam und berichtete, es fehle überhaupt kein Geld. Man habe die anderen Zimmer in ziemlicher Unordnung vorgefunden, die Betten zerwühlt und Schlimmeres. Ein paar Pennbrüder seien durchs offene Fenster eingestiegen und hätten dort genächtigt. Bei den beiden Herren möchte er sich in aller Form entschuldigen.

Als wir zurückkamen, war Annemarie nicht mehr da, eine alte Dame gab die letzten Mäntel aus. Geschi und ich tranken einen Korn unter Männern und sagten dumme Sprüche wie: »Andere Mütter haben auch schöne Töchter! Prost!«

Die Jahre gingen ins Land. Erwin Geschonneck ist ein hochgeehrter Jubilar. Als er mich auf einer Festveranstaltung erblickte, rief er: »Hallo, Bömel, weißt du noch, wie wir beide in Wandlitz verhaftet wurden?«

Grenzregime

Viele Mitarbeiter des BE wohnten in West-Berlin. Für sie gab es einen Einkaufs- und einen Umtauschschein. Ein Teil ihrer Gage wurde in Westgeld umgetauscht, damit sie drüben die Mieten sowie Strom- und Gasrechnungen bezahlen konnten. Für den Rest des Geldes konnten sie in Ost-Berlin Lebensmittel, Bekleidung und anderes kaufen, all diese Sachen wurden im Einkaufsschein eingetragen. Der mußte an der Grenze vorgezeigt werden, so konnte die Ware zollfrei nach West-Berlin gebracht werden.

Am 13. August 1961 wurde durch den Mauerbau die Grenze geschlossen. Das war für die Schauspieler aus West-Berlin, die nicht in den Ostteil der Stadt ziehen wollten, das Ende ihrer Arbeit an einem Ostberliner Theater. So beendeten zum Beispiel Charlotte Brummerhof und Hans W. Hamacher ihre Tätigkeit am BE.

Schwarzmalerei

1961 wurde der erste Brecht-Abend mit Liedern und Gedichten gegeben. Regie führten Manfred Karge, Isot Kilian, Matthias Langhoff und Manfred Wekwerth, das Orchester spielte unter der Leitung von Hans Dieter Hosalla. Das Programm verlangte keine aufwendigen Dekorationen und konnte überall gespielt werden. Deshalb gab es auch nirgends Probleme, bis zu dem Gastspiel in der NVA-Kaserne in Torgelow.

Die dortige Veranstaltung sollte das Fernsehen aufzeichnen. Dem Adlershofer Regisseur gefiel nicht, daß auf der Bühne ein braunes und ein schwarzes Klavier standen. Der Kulturoffizier wurde beauftragt, ein zweites schwarzes Klavier zu beschaffen. Es gab aber weit und breit keines. Ein Mann von der Requisite fand die Lösung: Das braune Klavier wurde so lange mit schwarzer Schuhcreme bearbeitet, bis es hochglanz schwarz war.

1. Mai

Jedes Jahr am 1. Mai fuhr beim großen Festumzug in Berlin auch ein Wagen des Berliner Ensembles an der Tribüne vorüber. Seine Ausstattung lag in den Händen unseres Grafikers Karl-Heinz Drescher, und wir Techniker bauten ihn. Alle Bühnen von Ost-Berlin zeigten im Block der Kulturschaffenden mit geschmückten Festwagen Ausschnitte ihrer Aufführungen und Plakate von Stücken, die sie im Spielplan hatten.

Im Berliner Ensemble fand vor dem Umzug eine Feierstunde im Foyer statt. Es gab Auszeichnungen und Geldprämien für besondere Leistungen. Und nach dem Vorbeimarsch an der Ehrentribüne gab es in der Kantine des Theaters ein Eisbeinessen und Freibier für alle.

Kurzschluß im Kabelbaum

Wenn ich mich an die »Tage der Commune« erinnere, muß ich immer an den Brand im Bühnenhaus denken, der schlimme Folgen hätte haben können. Die Vorstellung war von der Technik aufgebaut. Der Schnürboden hing voll mit massiven Holzwänden. Die Dekorationswände gehörten zu den Bildern: Die Stadt Paris, ein Café in Paris, das Parlament, das ZK der kommunistischen Partei, die Bank von Frankreich. Zwischen den Wänden hingen die Scheinwerfer der Horizontbeleuchtung. Ein wunderschöner, als Kupferstich gemalter Rundhorizont zeigte die Stadt Paris. Er war als Hintergrund eingehangen.

Die Beleuchter waren gegen 17 Uhr dabei, die Vorstellung auszuleuchten. Plötzlich stand die Kabelzuführung – auch Kabelbaum genannt – in Flammen. Wahrscheinlich war es zu einem Kurzschluß gekommen. Unsere Techniker griffen sofort zu den Pulverlöschern, brachten das Feuer unter Kontrolle und konnten so Schlimmeres verhindern. Die Feuerwehr entfernte den verbrannten Kabelbaum bis zum Rollenboden.

Durch den Einsatz der Pulverlöscher sah unsere Bühne nach dem Brand wie eine Schneelandschaft aus. Um 19 Uhr war die Vorstellung! Aus allen Abteilungen des Hauses – Maske, Ankleide, Verwaltung ... – kamen die Mitarbeiter zum großen Reinemachen. Der Vorhang ging zur angekündigten Zeit hoch, und keiner der Zuschauer bemerkte etwas von der vorherigen Verwüstung.

Nachtschicht mit Vittorio de Sica

1963 drehte eine italienische Filmproduktion unter der Regie von Vittorio de Sica den Spielfilm »Die Eingeschlossenen von Altona« mit Sophia Loren und Maximilian Schell, Produzent war Carlo Ponti.

Man trat mit der Bitte an das Berliner Ensemble heran, die Schlußszene des »Arturo Ui« drehen zu dürfen. Das DEFA-Studio unterstützte das Projekt. Der Zuschauerraum sollte mit Gästen gefüllt werden, und so konnte jeder von uns Angehörige mitbringen, die etwas erleben wollten und dafür auch noch bezahlt wurden. Die Dreharbeiten sollten gegen drei Uhr morgens beendet sein. Daraus wurde nichts, es dauerte erheblich länger. Viele mußten früh zur Arbeit, doch keiner durfte raus. Die Türen blieben verschlossen, denn die Personen und die Gesichter mußten bei den Filmanschlüssen immer dieselben sein. So kamen die Statisten zwar zu einer erlebnisreichen Nacht, aber verspätet zum Dienst.

Schmuggel mit Hitler und Göring

Für Gastspiele wurden aus Kostengründen nur die unbedingt notwendigen Personen mitgenommen, bei Westreisen gab es auch noch politische Gesichtspunkte. Wer dieses Privileg beanspruchte, mußte eine gründliche Überprüfung durchstehn. Es wurde auch sein Privatbereich durchforscht; Angestellte des Ministeriums des Inneren oder der Staatssicherheit erkundigten sich bei Mietern im Wohnhaus nach dem gesellschaftlichen Wohlverhalten des Antragstellers. Die zuständigen Dienste gingen auf Nummer sicher, ehe sie einen Reisepaß genehmigten, der eine offizielle Ausreise über die scharf bewachten Grenzen der DDR ermöglichte. Trotz der gründlichen Überprüfung verließen immer wieder auch Mitarbeiter des Ensembles die DDR und baten in einer ausländischen Botschaft der Bundesrepublik um Asyl.

Der Zoll hatte beim Verladen der Dekorationen, der Kisten mit Kostümen, Musikinstrumenten und Requisiten immer ein wachsames Auge. Auch bei der Rückkehr von einem Gastspiel im westlichen Ausland durften die Plomben der Laster, Güterwagen oder Container erst geöffnet werden, wenn der Zoll auf dem Hof war. Es gab einige Sachen, die nicht in die DDR eingeführt werden durften, zum Beispiel Zeitungen, Illustrierte, Bücher, deren Inhalt gegen die Interessen der DDR gerichtet war, ein weites Feld. Dazu gehörten pornographische Schriften, aber auch Romane von Solshenyzin und anderen unerwünschten Autoren. Nicht eingeführt werden durften Medikamente, Schallplatten (ausgenommen klassisches Erbe), elektronische Geräte, Radioersatzteile und anderes. Wurde doch einmal eine Zeitung gefunden, gab es Ärger, und beim nächsten Mal wurden die Kontrollen strenger.

Bei der Wiedereinreise in die DDR durfte man Waren im Werte von 200,- DM einführen. Wir kauften Kaffee, Kakao, Obst, Schokolade, Kinderbekleidung und andere Sachen, die es bei uns nicht gab oder die zu teuer waren. Da ich einmal die Einfuhrsumme überzogen hatte, mußte ich für ein Matchboxauto acht Mark Zoll bezahlen. Das Auto hatte eine Mark neunzig gekostet.

Bei Proben zum »Arturo Ui«

Bei der Ausreise nahmen wir uns Büchsen mit Fleisch, Wurst und andere Lebensmittel mit, um Spesen zu sparen und dafür einzukaufen. Wir von der Technik kamen auf den Trick, in den Dekorationen etwas vor dem Zoll zu verstecken. So nutzten ein Kollege und ich beim Gastspiel mit dem »Arturo Ui« die Chance, indem wir Hitler, Göring, Goebbels und Hindenburg zu unseren Hehlern machten. Diese Herren spielten als übergroße Puppen mit originalen Orden und Ehrenzeichen eine Rolle im Stück. Wer die Puppen sah, erinnerte sich an die bösen Menschen der Vergangenheit. Keiner ahnte, daß in den hohlen Körpern Konterbande versteckt war: Textilien, Kaffee, Zigaretten, Schokolade, sogar ein Konverter für das 2. Programm, das gerade eingeführt worden und ohne dieses Zusatzgerät nicht zu empfangen war. Keiner wußte von dem Versteck, das wir, solange der »Ui« auf Tournee ging, für unsere zollfreien Geschäfte nutzten.

Zaubertricks

Eine neue Inszenierung, die für die Technik äußerst reizvoll war, aber auch viel Arbeit machte, war 1966 »Purpurstaub« von Sean O'Casey in der Regie von Hans-Georg Simmgen, eine Bearbeitung des Berliner Ensembles. Das Bühnenbild schuf Andreas Reinhardt, die Musik war von Hans Dieter Hosalla, und die Tänze hatte Ruth Berghaus einstudiert.

Zum Bühnenbild hieß es: Eine Schloßhalle, wo nach und nach alles einstürzt und Hochwasser durch die Wände dringt, Fische und Quallen schwimmen in der Schloßhalle herum und Deckensegmente fallen stückeweise herab. Je mehr die Schloßhalle von den Darstellern wieder aufgebaut wurde, um so weiter stürzte sie ein. Darin bestand ein Großteil der Komik dieser irischen Komödie. Sie verlangte eine präzise funktionierende Technik – ein produktiver Widerspruch zu dem Chaos auf der Bühne. Die Technik bekam am Schluß für die vielen »Zaubertricks« einen extra Vorhang.

Lieber Kollege Bömelburg!

Brecht sagte mir am letzten Tag seines Lebens: "Halte das Ensemble so lange Du meinst, daß es das Berliner Ensemble ist."

Durch Ihre Mitarbeit haben Sie dazu beigetragen, daß wir heute auf eine 15-jährige künstlerische Entwicklung zurückschauen, die den von Brecht gesetzten Standard gehalten hat. Wir danken!

Helene Weigel

Sonderzug von Pankow nach Venedig

Im August 1966 fuhren wir zum ersten Mal zur Biennale nach Venedig an das »Teatro la Fenice«. Für die Tournee wurde in Berlin-Pankow ein Sonderzug zusammengestellt. Das Lied von Udo Lindenberg vom Sonderzug nach Pankow gab es damals noch nicht, Gott sei Dank, sonst wären wir vielleicht noch gründlicher durchsucht worden. Wir fuhren mit Schlafwagen, und am Ende des Zuges waren die Güterwagen mit unserer Ausstattung angehängt, einschließlich des Kostümfundus. An der Grenze Tschechoslowakei-Österreich, also dem Übergang ins kapitalistische Ausland, suchten die Grenzer mit Hunden die Waggons nach versteckten Personen ab. Vor dem Waggon mit den Kostümen schlugen die Hunde wie verrückt an. Man entplombte die Wagen, sah nach, fand aber keine Fluchtperson. Es stellte sich heraus, daß der Schweißgeruch in den Kostümen die Hunde wild gemacht hatte.

In Venedig spielten wir die »Dreigroschenoper«, den »Coriolan« und den »Arturo Ui«. Es gab Beifallsstürme, wie wir sie vorher noch nicht erlebt hatten.

Der Transport der Dekorationen durch die Kanäle war beschwerlich. Wenn Flut war, gingen die Dekorationsteile nicht immer unter den Brücken hindurch. Man mußte vor der Brücke abladen, die Segmente über die Brücke heben und auf der anderen Seite wieder aufladen. Dann ging die Fahrt weiter bis zur nächsten Brücke, und Brücken gibt es bekanntlich viele in Venedig. Von der Hinterbühne des Theaters zog ein Aufzug die Dekorationen aus dem Kahn hoch. In gleicher Weise wanderten sie nach der Vorstellung zurück in den Güterwagen.

Reifenprobleme

Eine Tournee nach Moskau und Leningrad fand im Rahmen eines Kulturaustauschs statt. Wir spielten den »Coriolan«, »Mann ist Mann«, »Arturo Ui«, »Die Mutter«. Gisela May gab noch einen Brecht-Abend.

Die Weiterreise unserer Dekorationen nach Leningrad wäre beinah geplatzt, weil man uns in Moskau von den Skoda-Lastzügen einige Reifen gestohlen hatte. Neue Reifen waren in der Sowjetunion nicht so schnell

Beim Verladen von Bühnentechnik

zu beschaffen. So mußte die Interflug, die Luftfahrtgesellschaft der DDR, eine Sondermaschine mit den fehlenden Reifen nach Moskau schicken, damit wir unser Gastspiel in Leningrad absolvieren konnten. Da unser Auftreten für das Ansehen der DDR im Ausland von höchster Bedeutung war, spielte Geld keine Rolle.

Die Aufführung im Großen Opernhaus in Leningrad wurde viel bejubelt, was nicht selbstverständlich war, denn in den fünfziger Jahren gab es bei den russischen Kulturfunktionären große Vorbehalte gegenüber Brecht und seinem epischen Theater. Man schwor auf die Regiemethoden von Stanislawski; Meyerhold und Tairew standen noch unter Bannfluch, und Brechts Eintreten für den während der Stalinzeit ermordeten Sergej Tretjakow fand keineswegs ungeteilten Beifall.

Kipphardt zahlt Kupfer-Kosten

1959 waren wir nach Budapest und nach Bukarest eingeladen und sollten in beiden Hauptstädten »Die Mutter« und den »Galilei« spielen. Die Tournee stand unter keinem guten Zeichen. Beim Überqueren der Böhmisch-Mährischen Höhe in der Tschechoslowakei löste sich ein Anhänger von seiner Zugmaschine, fällte eine Birke und rollte, sich mehrmals überschlagend, einen Abhang hinab. Totalschaden. Es war ausgerechnet der Hänger mit den Kupferwänden zum »Galilei«. Wir bauten über Nacht eine Notdekoration, die Budapester und die Bukarester bejubelten unsere Aufführungen. Trotzdem blieb uns in Berlin die bittere Erkenntnis nicht erspart: Die Galilei-Dekorationen mußten erneuert werden, was hieß, im Westen neues Kupferblech zu kaufen und dann die ganze Dekorationsarbeit noch einmal von vorne zu beginnen. Um die Kosten zu verteilen, schlug einer unserer Techniker vor, die Dekorationen für das nächste Stück zu streichen und es in den Kupferwänden des Galilei spielen zu lassen. Der Mann bekam eine Sofortprämie, denn dem Dramaturgen fiel zur rechten Zeit ein, daß ja »Galileo Galilei« und »In der Sache J. Robert Oppenheimer« von Heinar Kipphardt dasselbe Thema behandelten: Die Verantwortung des Wissenschaftlers gegenüber der Menschheit.

Das Turmgespenst

Den Schöpfern der Leuchtreklame auf dem Turm des Theaters am Schiffbauerdamm muß ein Lob ausgesprochen werden. Fünfzehn Jahre lang drehte sich das Emblem des Berliner Ensembles brav um seine Achse und markierte nächtens mit Leuchtbuchstaben den Standort des Brecht-Theaters. Daß Reklame wichtig war, hatte Brecht in Hollywood gelernt. Der Karikaturist Herbert Sandberg hat diese Erkenntnis auf witzige

Karikatur von Herbert Sandberg

Art ins Bild gesetzt. Er zeigt Brecht als Turmgespenst, das fleißig seine Reklamemühle dreht. Aber nach angemessener Laufzeit mußte das Monstrum mit seinen vier Metern Durchmesser vom Turm gehoben und generalüberholt werden. Da war guter Rat teuer: Einen so lang ausfahrenden Kran gab es nicht in der DDR. Ein Gerüst wäre eine kostspielige Angelegenheit gewesen und hätte die Sicht aufs Theater für längere Zeit verstellt. Ein Montage-Hubschrauber durfte das Theater nicht anfliegen, da es in Grenznähe zu Westberlin lag. Da kam uns ein Freundschaftsvertrag mit einer Fliegerstaffel der Nationalen Volksarmee zu Hilfe. Sie lag in Marxwalde, das heute wieder Hardenberg heißt. Mit allerhand Telefonaten wurde eine Sondergenehmigung des Ministers für Nationale Verteidigung erwirkt, und dann holte ein Hubschrauber der NVA den ganzen Beleuchtungsapparat herunter, setzte ihn auf einer Wiese an der Friedrichstraße ab und hob ihn nach Beendigung der Reparatur wieder auf den Turm, wo er Reklame läuft, vielleicht bis zum berühmten Brechtschen St. Nimmerleinstag, wer weiß?

Lieber Bömelburg!

Ein seltenes Jubiläum, 2o Jahre arbeiten wir zusammen. Ich freue mich, Ihnen als einen kleinen Dank 2oo,-- M geben zu können und erlauben Sie mir, Ihnen diesmal ein Bild von mir in Ihre Mappe zu legen.

Besten Dank, und ich hoffe auf die nächsten 2o Jahre

Ihre

Helene Weigel

Berlin, den 5. Februar 1971

Im roten Gürtel von Paris

Die Kommunistische Partei Frankreichs hatte uns zu einem Gastspiel in die Außenbezirke von Paris eingeladen, die von ihr verwaltet wurden. Den Anfang machten wir in Nanterre. Das dortige Theater war eigentlich eine Halle für Ausstellungen und Fernsehinszenierungen. Wir mußten erst einen Bühnenboden einbauen, auch der Schnürboden mußte neu gerichtet werden: Vorhänge wurden angebracht, kurz, wir machten aus der Halle ein Theater. Zur Aufführung kam »Die Mutter«. Es sollte für Helene Weigel der letzte Auftritt sein. Der Saal war übervoll, man saß auf Treppen und Fußboden, alle wollten die Weigel sehn. Sie spielte mit letzter Kraft, sie genoß den ungeheuren Beifall, aber sie war zu Tode erschöpft.

Nach Beendigung des Gastspiels fand in St. Denis ein großes Abschlußfest statt. Der Schnürboden des Theaters war vollgehängt mit gebratenen Hühnern, Wurst, Käse, dickbauchigen Weinflaschen, Brot, Körben voller Obst und anderen Köstlichkeiten. Bei den Abschiedsreden bedankte sich ein Vertreter der Technik auch für das fabelhafte »Schulessen«, das wir bekommen hatten. Da die französischen Genossen wußten, wie knapp wir bei Kasse waren, hatten sie organisiert, daß die technischen Mitarbeiter des Ensembles an der Schulspeisung im jeweiligen Gastort teilnehmen durften; das heißt, wir erhielten für wenige Francs ein solides Essen und sparten Valuta. Nach den Reden wurden die nahrhaften Wunderdinge vom Schnürboden heruntergelassen, und auf der Bühne begann ein fröhliches Fest.

Helene Weigel starb am 6. Mai 1971 in Berlin. Ihr Sarg wurde von den ältesten Mitgliedern des Berliner

Ensembles zur letzten Ruhestätte auf den Dorotheenstädtischen Friedhof getragen, wo sie neben Brecht
beigesetzt wurde. Für mich war es eine große Ehre, den
Sarg mittragen zu dürfen.

Wir bitten um Ihre Teilnahme

an der Trauerfeier

für

FRAU PROFESSOR

HELENE WEIGEL

INTENDANTIN DES BERLINER ENSEMBLES
MITGLIED DER DEUTSCHEN AKADEMIE
DER KÜNSTE

Träger des Nationalpreises der Deutschen Demokratischen
Republik, des Ordens „Stern der Völkerfreundschaft",
des Vaterländischen Verdienstordens in Gold und weiterer
hoher Auszeichnungen

im Berliner Ensemble am Bertolt-Brecht-Platz

am Mittwoch, dem 12. Mai 1971, 11 Uhr

Der Minister für Kultur	Der Präsident	Der Präsident
der	der	des
Deutschen	Deutschen Akademie	Verbandes der Theater-
Demokratischen Republik	der Künste	schaffenden der DDR

Kleindarsteller

Bei Auslandstourneen übernahmen wir Techniker aus Sparsamkeitsgründen oft die Rollen von Kleindarstellern. Es machte uns viel Spaß, als Polizisten, Soldaten, Markthändler und Volk auf den großen Bühnen der Welt mitzuspielen. Außer einem kleinen Honorar brachte es zusätzliche Proben und viel Aufregung mit sich. Unser

Als Klein-darsteller im »Schweyk« (Mitte) ...

Technischer Direktor achtete streng darauf, daß durch die Mitspielerei die Arbeit an den Umbauten nicht vernachlässigt wurde. Was nicht immer einfach war.

Der Umbau wurde oft schon in Kostüm und Maske gemacht, und gleich darauf stand man auf der Bühne. Wenn wir die dicken Lederkostüme für den »Coriolan« anhatten, lief uns der Schweiß in die Augen, so daß wir beim nächsten Umbau kaum etwas sehen konnten. Beim »Arturo Ui« waren wir alle grün geschminkt. Wie man dann nach der schweißtreibenden Umbauarbeit

... und in der
»Optimistischen
Tragödie«
(4. v. l.)

aussieht, kann man sich denken. Wir nahmen das alles gern in Kauf, hatten wir obendrein das schöne Gefühl, auch darstellerisch am Erfolg des Stücks mitgewirkt zu haben.

SOS-Riffberg

Im Mai 1974 ging es auf ein Gastspiel zum Theater-festival in der norwegischen Stadt Bergen. Gegeben wurden die Stücke »Coriolan«, »Im Dickicht der Städte«, »Die Gewehre der Frau Carrar«, dazu ein Brecht-Abend mit Gisela May.

An einem freien Tag wurde das ganze Ensemble zu einer Dampferfahrt durch die Fjorde eingeladen. Die Fahrt endete leider vorzeitig. Der Kapitän fuhr auf ein Riff, setzte das Schiff auf Grund und uns außer Gefecht. Zwei Frachter hörten die SOS-Rufe, eilten herbei und nahmen uns an Bord. Für dieses Abenteuer bekamen wir am Ende der Gastspielreise ein »Diplom für gute See-mannschaft und Überleben einer Schiffshavarie«. Gott sei Dank ist es meine einzige Seeauszeichnung geblieben.

Diesmal ein Ausflug ohne Katastrophe – 1974 auf einem Berliner See, Bömelburg rudernd, mit Annemone Haase, Christine Gloger, Willi Schwabe und einer Journalistin

Oldtimer-Capriolen

Im Mai 1977 führte uns eine Tournee erneut ins »Teatro la Fenice«. Gespielt wurden »Puntila« und andere Brecht-Stücke. Der Transport der Dekorationen per Kahn war, wie immer, sehr umständlich. Die größte Sorge machte uns das Auto, mit dem Puntila auf die Bühne fährt. Es war ein originaler Oldtimer, er paßte nicht durch die Tür, durch die unsere Dekorationen hereingezogen wurden. So wurde das Auto wieder in die Gondel verladen, auf dem Kanal zum Haupteingang des Theaters gerudert und dort abgeladen. Dann haben wir es durch den Haupteingang in die Kassenhalle getragen, von dort weiter durchs Foyer in den Zuschauerraum und von dort über den Orchestergraben auf die Bühne gehoben. Ekkehard Schall konnte auch in Venedig als Puntila in sein Originalauto steigen.

Der Abbau der Dekoration war ein Bestandteil der Inszenierung des »Messingkaufs« (Bömelburg, Schall und Schwabe).

Kleine Bühnenkunde

Will ein Regisseur ein Stück inszenieren, sucht er sich einen Bühnen- und Kostümbildner. Mit ihnen bespricht er seine Konzeption, erläutert seine Wünsche und Vorstellungen. Der Bühnenbildner erarbeitet mit seinen Assistenten die ersten Skizzen und unterbreitet dem Regisseur seine Vorschläge. Werden sie akzeptiert, bauen die Assistenten maßstabgerecht in ein Bühnenmodell das gesamte Bühnenbild. Man kann in diesem Modell Umbauten erproben, entscheiden, ob die Drehscheibe eingesetzt wird und was alles im Schnürboden hängen soll.

Mit der Zustimmung des Technischen Direktors und einer Besichtigung durch den Bühnenmeister geht das Projekt in die nächste Phase. Es werden Zeichnungen vom gesamten Bühnenbild in Originalgröße für die Bauprobe auf der Bühne angefertigt. Der Bühnenmeister bereitet die Bauprobe vor, läßt Wände anfertigen und stellt, wenn notwendig, einen Podestbau bereit. Solche Podeste gibt es in verschiedenen Höhen (0,33 m; 0,67 m; 1,00 m und so weiter). Sie bestehen jeweils aus einem Gerüst und einer Platte. So kann man zum Beispiel einen Treppenbau für einen Chor zusammenstellen.

Am Tag der Bauprobe wird alles in Originalgröße aufgebaut. Der Regisseur, der Bühnenbildner, der Technische Direktor, der Beleuchtungsinspektor und der Bühnenmeister stellen nach dem Aufbau fest, ob das Ganze technisch funktioniert oder ob noch Veränderungen der Größen vorgenommen werden müssen. Wenn nach der Bauprobe das Bühnenbild festgelegt ist, werden von den Bühnenbildassistenten Bauzeichnungen für die einzelnen Teile angefertigt, nach denen die Dekorationen in der Werkstatt hergestellt werden. Inzwischen beginnen die Proben der Schauspieler mit den im Grundriß festgelegten Probendekorationen.

Zu DDR-Zeiten ließen wir alles in den Werkstätten der Staatstheater, zu denen neben dem Berliner Ensemble noch die Staatsoper, das Deutsche Theater sowie die Kammerspiele gehörten, anfertigen. Unter der Werkstattleitung von Gustl Hoffmann und Horst Obst in der Zinnowitzer/Chausseestraße waren alle Theatergewerke vertreten. Schlosserei, Tischlerei, Plastikabteilung, Kaschiererei, Polsterei, Blumenbinderei und der Malsaal. Man konnte sagen, am Eingang wurden die Zeichnungen abgegeben und am anderen Ende der Werkstätten kam alles fertig heraus.

Die Dekorationen wurden in Kastenwagen verladen und in die Theater geliefert. Dort wurde der Tag festgelegt, an dem aufgebaut werden sollte. Technische Einrichtungen und eventuelle Änderungen gehörten dazu. Am nächsten Tag erfolgte die Beleuchtungsprobe. Nach all den technischen Einrichtungen begann der Regisseur mit den Schauspielern in der originalen Dekoration die Endprobe. Es folgten die erste und zweite Hauptprobe »alles mit allem«. Dann kam die Generalprobe und schließlich die Premiere.

Die Theatermeister Walter Gneist und Wolfgang Bömelburg

von Karl-Heinz Drescher

»Bitte, die Technik zur Bühne!« Wenn dieser Ruf im Theater erschallt, weiß jeder Eingeweihte, daß nun die Bühne ganz von der Technik beherrscht wird und daß sich Wunderdinge vollziehen: Das Bühnenbild gerät in Bewegung, es hebt sich, dreht sich, bricht auseinander, verschwindet nach allen Seiten oder versinkt in der Tiefe – eine totale Verwandlung findet statt. Aber hinter dem Wort »Technik« verbirgt sich nicht nur die Theatermaschinerie, sondern es ist auch das Synonym für eine Mannschaft qualifizierter Bühnenhandwerker, an deren Spitze ein Theatermeister steht. Dieser nun ist dafür verantwortlich, daß sich täglich »Bühnenzauber« vollzieht, am Morgen auf den Proben, am Abend während der Vorstellung. Sein Beruf setzt spezielle Kenntnisse voraus: handwerkliche, technische und künstlerische. Ein Theatermeister muß ein erfahrener Handwerker sein, der weiß, wie man eine plötzlich quietschende Tür oder eine sich öffnende sofort in den Griff bekommt, ein Techniker, der auf Proben erarbeitete Bühnenbildlösungen festzuhalten versteht, ihre Durchführbarkeit beeinflußt und sie exakt für die nächste Probe wiederherzustellen vermag, ein Künstler, der dem Bühnenbildner und Regisseur ein wichtiger Helfer ist, indem er erkennt, welcher geforderte Stuhl oder Schrank für das jeweilige Stück infrage kommen könnten. Dem Schauspieler gegenüber trägt er eine ganz besondere Verantwortung, wenn man bedenkt, daß viele schwergewichtige Bühnenteile im Schnürboden schweben, für deren Befestigung er allein Sorge tragen muß. Diese Bühnenbildteile haben auf den Zentimeter genau auf dem festgelegten Platz zu stehen, damit sich

der Schauspieler auf dunkler Bühne zurechtfindet. Erst wenn diese Bedingungen erfüllt sind und wenn die anderen Gewerke wie Dekorateure, Beleuchter und Requisiteure ihre Arbeit auf der Bühne getan haben, gibt der Theatermeister das Zeichen zum Öffnen des Vorhangs.

Am Berliner Ensemble erfüllen diese Aufgaben Walter Gneist und Wolfgang Bömelburg.

Walter Gneist, geboren 1920, von Beruf Tischler, tätig als Bühnentischler bei der DEFA, nahm 1954 am technischen

Bömelburg
und Gneist

Umbau des Theaters am Schiffbauerdamm teil; das Berliner Ensemble bezog es im gleichen Jahr. Er wollte sich in der Theatergruppe Brechts und der Weigel auf einem neuen Betätigungsfeld versuchen und qualifizieren. Nach Abschluß mehrerer Lehrgänge (Arbeits- und Brandschutz, Statik, Gesellschaftswissenschaft) wurde aus einem kommissarischen

*ein absolvierter Theatermeister; aufgrund seiner Verdienste
ein Theaterobermeister. Für seine Leistung erhielt Walter
Gneist mehrfach die Auszeichnung »Aktivist der sozialistischen Arbeit« und den Orden »Banner der Arbeit«.*

*Wolfgang Bömelburg, geboren 1933, ist gelernter Möbel-
tischler. Der Kulissenbau nach Feierabend ließ ihn 1950 in
die Werkstätten der Staatstheater eintreten. Während des
Aufbaus einer Probe zur »Mutter« im Deutschen Theater von
der Weigel gefragt, ob er am Aufbau eines neuen Theaters mit-
arbeiten möchte, entschied er sich spontan für das Berliner
Ensemble, dem er noch heute, nach 32jähriger Tätigkeit
angehört und für das er ein unentbehrlicher Mitarbeiter
geworden ist. Aufgrund seiner Leistung wurde er zum Theatermeister berufen und mit der Auszeichnung »Verdienter
Aktivist« geehrt.*

*Beide Mitarbeiter zeichnet aus: Tatkraft, Besonnenheit,
Freundlichkeit, Einsatz der ganzen Persönlichkeit für ihren
aufregenden und nicht immer leichten Beruf.
Auf beide trifft zu, was Brecht als Gradmesser des Talents
bezeichnete: das Interesse an der Arbeit.*[*]

[*] Der Text war im Jahresprogramm 1982/83 des Berliner Ensembles abgedruckt.

Gedenkstätte

Brecht und die Weigel wohnten in den letzten Jahren ihres Lebens im Seitenflügel und im Quergebäude eines alten Hauses in der Chausseestraße, mit Blick auf den Dorotheenstädtischen Friedhof. Die Weigel bewohnte das Hochparterre mit Küche, Brecht die Räume in der ersten Etage mit Schlafzimmer, großem und kleinem Arbeitsraum, Bibliothek und Teeküche. Brecht liebte das Einfache, Alte, Praktische, Natürliche. So waren auch seine Räume eingerichtet.

Die Regierung der DDR beschloß, das Haus und die Räume zu rekonstruieren und der Öffentlichkeit als Gedenkstätte und Forschungszentrum zugänglich zu machen. Leiter der Einrichtung wurde Dr. Werner Hecht. Im Vorderbau wurde eine Forschungsstätte der Akademie der Künste eingerichtet, die den Nachlaß von Brecht und der Weigel verwaltete. Im Keller des Vorderhauses entstand eine Brecht-Weigel-Gaststätte. Die Weigel hatte als Köchin einen Ruf, also wurden Gerichte nach ihren Originalrezepten angeboten. Als Tischbeleuchtung fungierten Scheinwerfer, zur Ausstattung gehörten Aufführungsmodelle, Plastiken und viele andere Theaterutensilien. Die Wohn- und Arbeitsräume Brechts wurden aufs modernste rekonstruiert, dazu gehörten auch glatte, lackglänzende Fußböden, wie in einem Nobel-Neubau.

Brecht wäre entsetzt gewesen. Zum Glück fiel das noch irgend jemandem rechtzeitig auf, und man hatte eine Idee: Man bat die Techniker, diesen Mißstand zu beseitigen. So habe ich die neuen Fußböden wochenlang mit einem Handhobel bearbeitet, damit sie ausgetreten aussahen. Auf dem angrenzenden kleinen Hof lag ein mannshocher Berg aus Spänen, die ich zum Fenster hinausgeschüttet hatte.

Zu Brechts achtzigstem Geburtstag, am 10. Februar 1978, wurde das Haus im Beisein Erich Honeckers der Öffentlichkeit übergeben. Die nahm es an, bis heute.

Randale mit Genehmigung

Christoph Schroth inszenierte mit großem Erfolg »Blaue Pferde auf rotem Gras« von Michail Schatrow mit Schauspielern vom BE und Schülern der Theaterhochschule »Ernst Busch«. Die Vorstellung wurde durch ein Kurzprogramm eingeleitet. Schauspielschüler, als »Halbstarke« verkleidet, knatterten mit einem Motorrad ohne Auspuff durch die ankommenden Zuschauer vor dem Theater. In der Kassenhalle lagen die Punks auf der Erde und auf den Treppen herum. Sie aßen von ausgebreiteten Tüchern, machten schräge Musik und grölten herum. Anwohner und Besucher verlangten nach der Polizei, beschwerten sich über den Lärm und den anarchistischen Zustand im Theater. Es dauerte meist eine Weile, bis die Besucher merkten, daß das schon zur Inszenierung gehörte und von der Theaterleitung sowie von der Polizei genehmigt war – und ob es jeder merkte, ist wohl nicht mehr rauszukriegen.

Akropolis mit Sitzkissen

Im Juli 1981 fuhren wir nach Griechenland. Bei 40 Grad Hitze spielten wir in Athen auf der Freilichtbühne des Amphitheater auf der Akropolis »Die Dreigroschenoper« und den »Kaukasischen Kreidekreis«. Die fünftausend Sitzplätze waren restlos ausverkauft. Man konnte sich nur hinsetzen, wenn man ein Sitzkissen mitgebracht hatte, denn die Steinplatten waren von der Sonne so aufgeheizt, daß sie auch am Abend noch Hitze ausstrahlten. Für die Schauspieler und Techniker war es die Hölle, trotzdem war es ein himmlisches Erlebnis, in einer solchen Atmosphäre spielen zu können.

Ärger in Kanada

In Kanada ist das Trinken von Alkohol auf öffentlichen Straßen und Plätzen streng verboten. Unser Technischer Direktor und der Bühnenbildner dachten sich nichts dabei, als sie sich in Toronto am Bühneneingang bei einer Zigarettenpause ein Bier genehmigten. Die Hüter des Gesetzes sahen es und arretierten die beiden. Es gab auf der Wache komplizierte internationale Verhandlungen, ehe man sie mit einer Verwarnung, aber ohne Strafe, wieder freiließ.

»Bertolt-Brecht-Platz«

Der große Parkplatz vor dem Berliner Ensemble wurde zu einer Grünanlage umgebaut. Bäume und Sträucher wurden gepflanzt, Rasenflächen und Blumenbeete angelegt. In der Platzmitte wurde eine von Fritz Cremer geschaffene Bronzestatue Brechts aufgestellt. Sie zeigt ihn sitzend, von der Arbeit ausruhend, heiter. Am 10. Februar 1988, zu Brechts 90. Geburtstag, erhielt der Platz den Namen »Bertolt-Brecht-Platz«. Die Festrede beim Staatsakt im Berliner Ensemble hielt Erich Honecker.

Einige Zeit später pflanzte der Aktionskünstler Ben Wargin unter dem Motto »Grün für Berlin« drei Gingko-Bäume auf dem Bertolt-Brecht-Platz.

Dieses Jahr in Jerusalem!

Eine Tournee führte uns im Mai 1989 nach Israel in das neue Theater in Jerusalem. Wir spielten »Galileo Galilei«, »Baal« und gaben außerdem einen Brecht-Abend.

Große Sicherheitsvorkehrungen wurden getroffen, sie waren notwendig, wir wußten es. Der Zoll achtete schon beim Verladen der Kisten genauestens auf den Inhalt. Auf dem Flugplatz in Frankfurt/Main fand eine gründliche Personen- und Gepäckkontrolle statt. Unser Flugzeug stand auf einem besonderen Areal und wurde von Panzerfahrzeugen bewacht.

Wir waren das erste deutsche Theater, das mit großem Erfolg in Jerusalem spielte.

Alle Mitglieder des Ensembles fuhren zum Berg Jad Va'schem und legten am Holocaust-Denkmal einen Kranz nieder.

Ehre, wem Ehre gebührt!

In einigen Betrieben der DDR gab es Arbeitskollektive, die den Namen Bertolt Brecht oder Helene Weigel trugen. Auch Straßen und Plätze wurden nach ihnen benannt. So gibt es im Neubaugebiet Berlin-Marzahn einen Helene-Weigel-Platz und in Berlin-Mitte den schon erwähnten Bertolt-Brecht-Platz. Schulen, Bibliotheken und Buchhandlungen bekamen den Namen Bertolt Brechts. Sogar ein Flugzeug, ein Fahrgastschiff der »Weißen Flotte« und ein ICE-Reisezug Berlin-München heißen »Bertolt-Brecht«. Schulen und Laienspielgruppen, die sich mit den Stücken Brechts oder mit der Schauspielerin Helene Weigel beschäftigten, wurden im Rahmen des Möglichen vom Berliner Ensemble unterstützt. Bei einer der vielen Feierlichkeiten sagte Erwin Geschonneck: »Es ist zu hoffen, daß meiner ersten Förderin, der Hamburger Intendantin Ida Ehre, soviel Ehre zuteil wird wie der Weigel und dem Brecht!«

Wende und Weggang

Im November 1989, nach dem Zusammenbruch der DDR, kam die Wende, und Berlin wurde wieder eine einheitliche Stadt, wenn dieser Prozeß auch lange dauern sollte. Wir waren kein Staatstheater mehr, wir wurden vom Senat übernommen, der unser Haus auch subventionierte. Die künstlerische Arbeit ging unter dem Intendanten Manfred Wekwerth weiter, bis zum Ende der Spielzeit 1991/92. Sie wurde für ihn die letzte, wie auch für unseren langjährigen Technischen Direktor Walter Braunroth.

Braunroth war 1961, nach dem Tode von Walter Meier, vom Metropol ans BE gekommen. An Improvisationstalent stand er dem besten Schauspieler nicht nach – natürlich in seinem Bereich, beispielsweise wenn es darum ging (und darum ging es oft!), Material zu beschaffen, das einfach nicht verfügbar war, Dinge für einen reibungslosen Ablauf der Technik zu besorgen, die es nirgendwo gab. Stets hatte er Einfälle und fand auch einen Weg. Für uns Techniker setzte er sich besonders ein. So sorgte er im wahrsten Sinne des Wortes für ein Dach über unserm Kopf – nämlich die Überdachung der schon erwähnten Transportschräge zum Magazin, oder er stieg uns auch auf selbiges, auch wieder wörtlich gemeint: Ich sehe noch vor mir, wie er sich einmal vom Theaterdach abseilen ließ, um mit einem Eispickel die Dachrinne freizuhacken, damit das Tauwasser nicht durch die Holzdecke über dem Zuschauerrang eindringen konnte.

Wekwerth und auch Braunroth mußten auf Druck des Senats ihren Posten aufgeben.

Die glorreichen Fünf

Nach der Umwandlung in eine GmbH im Februar 1993 übernahm ein Fünfer-Gremium die Leitung des Theaters. Ihm gehörten die beiden ehemaligen Brecht-Schüler Peter Palitzsch und Matthias Langhoff an, der Regisseur Fritz Marquardt, der Dramatiker Heiner Müller und Peter Zadek. Die neue Leitung brachte für uns alle spürbare Veränderungen. Stücke, die gut liefen, darunter viele Brecht-Stücke, wurden abgesetzt, Schauspieler entlassen. Zu ihnen gehörten Gisela May, Renate Richter, Peter Bause, Franziska Troegner, auch Ekkehard Schall war kaum noch im BE zu sehen.

Peter Palitzsch brachte mit seiner ersten Inszenierung die Technik zur Verzweiflung. Alle Sitzreihen im Zuschauerraum mußten abgebaut werden, man spielte von der Bühne bis in den Zuschauerraum. Das Publikum wurde auf Luftkissen neben dem Spielort plaziert. Ähnlich kompliziert war es bei Fritz Marquardts Inszenierung von Ödön von Horvaths »Sladek oder die schwarze Armee«. Das Publikum saß auf der Bühne, gespielt wurde im Zuschauerraum. Wir mußten die Bestuhlung als Bühne überbauen, man spielte auch in den Logen rechts und links im 1. und 2. Rang.

Dazu gab es Probleme mit der Herstellung der Dekorationen. Nach der Privatisierung konnten wir nicht mehr in den Werkstätten der Staatstheater arbeiten lassen; wir mußten uns kleinere Werkstätten suchen, die preiswert und gut arbeiteten, oder auch vieles selbst herstellen.

Matthias Langhoff verließ nach einem Jahr das Fünfer-Gremium, ohne etwas inszeniert zu haben, und ging nach Paris zurück.

»Das Wunder von Mailand«

Wir spielten das gleichnamige de-Sica-Stück in Venedig. Das Gastspiel wäre beinah geplatzt, weil die italienische Feuerwehr glaubte, einen Feuerstoß, der in unserem Stück vorkam, nicht absichern zu können. Unsere
Inszenierung ging dann doch über die Bühne, ohne
pyrotechnische Probleme. Die hatte das »Teatro la Fenice« zwei Jahre später. Um die Fundamente auszubes-
sern, hatte man die Kanäle rund um das Theater
trockengelegt. Als ein Feuer entstand, brannte das herr-
liche Theater bis auf die Grundmauern nieder, weil kein
Wasser zum Löschen da war.

Teatro la Fenice

König Zadek

Peter Zadek stellte manchmal Forderungen an die Technik, die an die Grenze des Zumutbaren gingen. So verlangte er bei einem Gastspiel in Wien nach einer Probe, über Nacht die Dekorationswände um einen halben Meter zu kürzen. Ein Tuch, in der Größe von 8 x 6 Meter, das die Bühne halbierte, sollte vom Schnürboden flatternd herunterkommen und dann wie eine Platte hängen. Durch die Nähte gab es Falten und Wellen, die Ecken zipfelten. Egal wie viele Tücher genäht wurden, immer wieder hatten wir dasselbe Problem! Nach der Premiere standen wir vor einem Riesenstapel von Tüchern, die alle nicht verwendet worden waren, aber die Unkosten in schwindelnde Höhe trieben.

In Venedig hatten wir die Vorstellung für das »Wunder von Mailand« komplett eingerichtet, alle technischen Abteilungen waren spielbereit. Da kam Zadek, ließ alles wieder abbauen, einen Meter nach vorn rücken und wieder aufbauen. Dieser Arbeitsstil fand bei der Technik kein Verständnis, mit entsprechend geringer Begeisterung wurden die Umbauten ausgeführt.

Müllers Glück und Ende

Heiner Müllers Inszenierung von Brecht/Müllers »Fatzer« stieß beim Publikum auf großes Interesse. Eine Rolle übernahm Erwin Geschonneck, der schon lange nicht mehr auf der Bühne gestanden hatte.

Schon Müllers Inszenierung seines Stückes »Quartett« nach Choderlos de Laclos im Jahr 1994 hatte für Aufsehen gesorgt. In ihm spielte Marianne Hoppe die Hauptrolle. Mit Müller-Stücken wurden wir zu Gastspielen nach Finnland und Italien eingeladen.

1995 verließ Peter Zadek das Berliner Ensemble.

Heiner Müller übernahm als Intendant die Leitung des Hauses. Alle hofften auf einen neuen Aufschwung, und er kam auch. Müller inszenierte Brechts »Der aufhaltsame Aufstieg des Arturo Ui« mit Martin Wuttke in der Titelrolle. Es wurde ein triumphaler Erfolg für beide.

Für Müller war es aber auch eine Abschiedsvorstellung. Er starb nach kurzer, schwerer Krankheit im Dezember 1995 und wurde auf dem Dorotheenstädtischen Friedhof beigesetzt. Martin Wuttke wurde 1995 für seine Rolle im »Arturo Ui« als bester Schauspieler des Jahres ausgezeichnet. Er übernahm die Intendanz des Berliner Ensembles; nicht für lange. Der Posten ist wieder ausgeschrieben.

Abschied

Ich gehörte fünfundvierzig Jahre zum Berliner Ensemble, erlebte Höhen und Tiefen. Krankheit zwang mich, die Theaterarbeit aufzugeben; es geschah schweren Herzens, und ich kann es nicht unterlassen, mit einem Brecht-Wort aus dem Epilog des »Guten Menschen von Sezuan« zu schließen, auch wenn es ein Literaturkritiker im Fernsehen immer wieder strapaziert:

> »Wir stehen selbst enttäuscht und sehn betroffen
> den Vorhang zu und alle Fragen offen!«

Das ist aber nicht Brechts Schlußsatz. Bei ihm heißt es:

> »Los, verehrtes Publikum, such dir selbst den
> Schluß!
> Es muß ein guter da sein; muß, muß, muß!«

In den Jahren meiner Zugehörigkeit zum Berliner Ensemble, das heißt von 1951 bis 1995, kamen die folgenden Stücke heraus, an denen ich als Bühnentechniker mitgearbeitet habe.

Verzeichnis der Premieren von 1951 bis 1995

1951

»**Mutter Courage und ihre Kinder**« von Bertolt Brecht; Regie: Bertolt Brecht; Hauptrollen: Helene Weigel, Ernst Busch, Erwin Geschonneck, Ekkehard Schall, Angelika Hurwicz, Regine Lutz, Ernst Kahler, Gert Schaefer, Heinz Schubert

»**Die Mutter**« von Bertolt Brecht nach Maxim Gorki; Regie: Bertolt Brecht; Hauptrollen: Helene Weigel, Ernst Busch

»**Biberpelz und Roter Hahn**« von Bertolt Brecht nach Gerhart Hauptmann; Regie: Egon Monk; Hauptrollen: Therese Giehse, Gerhard Bienert

1952

»**Der zerbrochene Krug**« von Heinrich von Kleist; Regie: Therese Giehse; Hauptrollen: Erwin Geschonneck, Regine Lutz, Gert Schaefer

»**Das Glockenspiel des Kreml**« von Alexander Pogodin; Regie: Ernst Busch; Hauptrollen: Willi Kleinoschegg, Ernst Kahler

»**Ein fremdes Kind**« von Aschach Tokajew; Regie: Wolfgang Böttcher; Hauptrollen: Annemarie Hase, Ernst Kahler

»**Urfaust**« von Johann Wolfgang von Goethe; Bearbeitung vom Berliner Ensemble; Regie: Egon Monk (Potsdamer Aufführung); Hauptrollen: Johannes Schmidt, Paul Albert Krumm, Axel Triebel

»**Ugulu oder das Waldfest der Tiere**« von Wera Skupin und Martin Pohl

»**Die Gewehre der Frau Carrar**« von Bertolt Brecht; Regie: Egon Monk; Hauptrollen: Helene Weigel, Ekkehard Schall, Barbara Berg

»**Der Prozeß der Jeanne d'Arc zu Rouen**« von Anna Seghers; Bühnenfassung und Regie: Benno Besson unter künstlerischer Leitung von Bertolt Brecht; Hauptrollen: Käthe Reichel, Erwin Geschonneck

1953

»**Urfaust**« im Deutschen Theater

»**Katzgraben**« von Erwin Strittmatter; Regie: Bertolt Brecht; Hauptrollen: Helene Weigel, Erwin Geschonneck, Friedrich Gnaß, Heinz Schubert

1954

»**Hans Pfriem oder Kühnheit zahlt sich aus**« von Martinus Hayneccius; Regie: Käthe Rülicke

»**Don Juan**« von Molière in der Bearbeitung des Berliner Ensembles; Regie: Benno Besson; Hauptrollen: Erwin Geschonneck, Regine Lutz

»**Hirse für die Achte**«, ein chinesisches Volksstück in der Bearbeitung des Berliner Ensembles; Regie: Manfred Wekwerth

»**Der kaukasische Kreidekreis**« von Bertolt Brecht; Regie: Bertolt Brecht; Hauptrollen: Helene Weigel, Ernst Busch, Angelika Hurwicz

1955

»**Winterschlacht**« von Johannes R. Becher in der Bearbeitung des Berliner Ensembles; Regie: Bertolt Brecht, Manfred Wekwerth; Hauptrollen: Ekkehard Schall, Raimund Schelcher, Wolf Beneckendorff

»**Pauken und Trompeten**« von George Farquhar in der Bearbeitung des Berliner Ensembles; Regie: Benno Besson; Hauptrollen: Norbert Christian, Regine Lutz

»**Der Tag des großen Gelehrten Wu**«, ein Volksstück aus dem alten China in der Bearbeitung des Berliner Ensembles; Regie: Peter Palitzsch, Carl Maria Weber; Hauptrollen: Wolf Kaiser; Ekkehard Schall

»**Die Ziehtochter oder Wohltaten tun weh**« von Alexander Ostrowski; Regie: Angelika Hurwicz; Hauptrollen: Helene Weigel, Rosaura Revueltas, Annelise Reppel, Lothar Bellag

»**Katzgraben**« von Erwin Strittmatter (Neueinstudierung der Inszenierung von 1953); Regie: Manfred Wekwerth

1956

»**Der Held der westlichen Welt**« von John Millington Synge in der Bearbeitung des Berliner Ensembles; Regie: Manfred Wekwerth, Peter Palitzsch; Hauptrollen: Barbara Berg, Sabine Thalbach, Ekkehard Schall, Heinz Schubert, Harry Gillmann

1957

»**Leben des Galilei**« von Bertolt Brecht; Regie: Erich Engel; Hauptrollen: Ernst Busch, Regine Lutz, Ernst Otto Fuhrmann, Wolf Beneckendorff

»**Furcht und Elend des Dritten Reiches**« von Bertolt Brecht; Regie: Lothar Bellag, Peter Palitzsch, Käthe Rülicke, Konrad Swinarski, Carl Maria Weber; Hauptrollen: Helene Weigel, Helga Raumer, Günter Naumann, Dieter Knaup

»**Der gute Mensch von Sezuan**« von Bertolt Brecht; Regie: Benno Besson; Hauptrollen: Käthe Reichel, Ekkehard Schall, Gert Schaefer

»**Die Mutter**« von Bertolt Brecht (Neueinstudierung der Inszenierung von 1951); Regie: Manfred Wekwerth

1958

»**Optimistische Tragödie**« von Wsewolod Wischnewski, in der Bearbeitung des Berliner Ensembles; Regie: Manfred Wekwerth, Peter Palitzsch; Hauptrollen: Angelika Hurwicz, Bruno Carstens, Günter Naumann

1959

»**Der aufhaltsame Aufstieg des Arturo Ui**« von Bertolt Brecht; Regie: Manfred Wekwerth, Peter Palitzsch; Hauptrollen: Ekkehard Schall, Hilmar Thate, Martin Flörchinger

»**Winterschlacht**« von Johannes R. Becher (Neueinstudierung der Inszenierung von 1955); Regie: Lothar Bellag

1960

»**Die Dreigroschenoper**« von Bertolt Brecht und Kurt Weill; Regie: Erich Engel, Wolfgang Pintzka; Hauptrollen: Wolf Kaiser, Regine Lutz, Norbert Christian

1961

»**Frau Flinz**« von Helmut Baierl; Regie: Manfred Wekwerth, Peter Palitzsch; Hauptrollen: Helene Weigel, Heinz Schubert, Stefan Lisewski

»**Optimistische Tragödie**« von Wsewolod Wischnewski (Neueinstudierung der Inszenierung von 1958); Regie: Wolfgang Pintzka, Isot Kilian

1962

»**Brecht-Abend Nr. 1: Lieder und Gedichte 1914-1956**« Künstlerische Leitung: Manfred Karge, Isot Kilian, Matthias Langhoff, Manfred Wekwerth; Mitwirkende: Helene Weigel, Wolf Kaiser, Ekkehard Schall, Manfred Karge

»Die Tage der Commune« von Bertolt Brecht, in der Bearbeitung des Berliner Ensembles; Regie: Manfred Wekwerth, Joachim Tenschert; Hauptrollen: Gisela May, Wolf Kaiser, Hilmar Thate, Renate Richter

»Schweyk im zweiten Weltkrieg« von Bertolt Brecht; Regie: Erich Engel, Wolfgang Pintzka; Hauptrollen: Martin Flörchinger, Gisela May

1963

»Brecht-Abend Nr. 2: Über die großen Städte/Das kleine Mahagonny« Regie: Manfred Karge, Matthias Langhoff; Mitwirkende: Christine Gloger, Annemone Haase, Manfred Karge, Hilmar Thate

»Brecht-Abend Nr. 3: Der Messingkauf« Regie: Uta Birnbaum, Guy de Cambure, Werner Hecht, Manfred Karge, Matthias Langhoff, Hans-Georg Simmgen, Kurt Veth, Manfred Wekwerth; Mitwirkende: Ekkehard Schall, Wolf Kaiser, Willi Schwabe, Carola Braunbock, Agnes Kraus, Hilmar Thate, Stefan Lisewski

1964

»Brecht: Lieder und Gedichte für Kinder« Regie: Renate Alig

»Frau Flinz« von Helmut Baierl (Neueinstudierung der Inszenierung von 1961); Regie: Uta Birnbaum

»Coriolan« von William Shakespeare, in der Bearbeitung von Bertolt Brecht, Bühnenfassung des Berliner Ensembles; Regie: Manfred Wekwerth, Joachim Tenschert; Hauptrollen: Ekkehard Schall, Hilmar Thate

1965

»In der Sache J. Robert Oppenheimer« von Heinar Kipphardt; Regie: Manfred Wekwerth, Joachim Tenschert; Hauptrollen: Ekkehard Schall, Günter Naumann, Siegfried Weiß, Raimund Schelcher, Horst Schulze

1966

»Purpurstaub« von Sean O'Casey; Regie: Hans-Georg Simmgen; Hauptrollen: Renate Richter, Agnes Kraus, Willi Schwabe, Hermann Hiesgen

»Flüchtlingsgespräche« von Bertolt Brecht

1967

»Mann ist Mann« von Bertolt Brecht; Regie: Uta Birnbaum; Hauptrollen: Hilmar Thate, Agnes Kraus, Felicitas Ritsch

»Brecht-Abend Nr. 4: Der Brotladen«; Regie: Manfred Karge, Matthias Langhoff; Mitwirkende: Agnes Kraus, Simone Frost, Hermann Hiesgen

»Die Mutter« von Bertolt Brecht (Neueinstudierung der Inszenierung von 1951); Regie: Isot Kilian, Alexander Stillmark

1968

»Der ferne Krieg« Texte von Volker Braun, Ho Chi Minh, Bertrand Russel, Karl Mickel

»Viet Nam Diskurs« von Peter Weiss; Regie: Ruth Berghaus

»Die Zwerge« von Alexander Lang; Regie: Uta Birnbaum, Helmut Rabe

»Die heilige Johanna der Schlachthöfe« von Bertolt Brecht; Regie: Manfred Wekwerth, Joachim Tenschert; Hauptrollen: Hanne Hiob, Christine Gloger, Martin Flörchinger

1969

»Johanna von Döbeln« von Helmut Baierl; Regie: Manfred Wekwerth, Helmut Rabe; Hauptrollen: Renate Richter, Martin Flörchinger

»Sieben gegen Theben« von Aischylos; Regie: Manfred Karge, Matthias Langhoff; Hauptrollen: Hilmar Thate, Günter Naumann, Barbara Dittus

»Optimistische Tragödie« von Wsewolod Wischnewski; Regie: Klaus Erforth, Alexander Stillmark, Isot Kilian

»Brecht-Abend Nr. 5: Das Manifest« Regie: Klaus Erforth, Alexander Stillmark

1970

»Die Dreigroschenoper« von Bertolt Brecht und Kurt Weill (Neueinstudierung der Inszenierung von 1960); Regie: Wolfgang Pintzka, Werner Hecht

»Woyzeck« von Georg Büchner; Regie: Helmut Nitzschke; Hauptrollen: Barbara Dittus, Ekkehard Schall

1971

»Kikeriki« von Sean O'Casey; Regie: Werner Hecht, Hans-Georg Voigt; Hauptrollen: Martin Flörchinger, Annemone Haase

»Im Dickicht der Städte« von Bertolt Brecht; Regie: Ruth Berghaus; Hauptrollen: Olga Strub, Felicitas Ritsch, Christine Gloger

»**Die Gewehre der Frau Carrar**« von Bertolt Brecht; Regie: Ruth Berghaus; Hauptrollen: Christine Gloger, Andreas Knaup

»**Leben des Galilei**« von Bertolt Brecht; Regie: Fritz Bennewitz; Hauptrolle: Wolfgang Heinz

1972

»**Wolokolamsker Chausee**« von Karl Mickel nach Alexander Bek; Regie: Ruth Berghaus

»**Omphale**« von Peter Hacks; Regie: Ruth Berghaus; Hauptrollen: Ekkehard Schall, Barbara Dittus, Angelika Ritter

»**Katzgraben**« von Erwin Strittmatter; Regie: B. K. Tragelehn

1973

»**Turandot oder Der Kongreß der Weißwäscher**« von Bertolt Brecht; Regie: Peter Kupke, Wolfgang Pintzka; Hauptrollen: Curt Bois, Olga Strub

»**Das Badener Lehrstück vom Einverständnis**« von Bertolt Brecht; Regie: Jürgen Pörschmann, Günter Schmidt

»**Zement**« von Heiner Müller nach Fjodor Gladkow; Regie: Ruth Berghaus; Hauptrollen: Stefan Lisewski, Ekkehard Schall

»**... stolz auf 18 Stunden**« von Helmut Baierl; Regie: Helmut Baierl; Hauptrolle: Hans-Peter Minetti

»**Frau Warrens Beruf**« von Bernhard Shaw; Regie: Wolfgang Pintzka; Hauptrolle: Gisela May

1974

»**Frühlings Erwachen**« von Frank Wedekind; Regie: B. K. Tragelehn, Einar Schleef

»**Leben Eduards des Zweiten von England**« von Bertolt Brecht; Regie: Ekkehard Schall, Barbara Brecht-Schall; Hauptrolle: Hans-Peter Reinecke

»**Die Mutter**« von Bertolt Brecht; Regie: Ruth Berghaus; Hauptrolle: Felicitas Ritsch

»**Celestina**« von Karl Mickel nach Fernando de Rojas; Regie: Jürgen Pörschmann, Günter Schmidt; Hauptrollen: Erika Pelikowski, Jutta Hoffmann, Jaecki Schwarz

1975

»**Herr Puntila und sein Knecht Matti**« von Bertolt Brecht; Regie: Peter Kupke; Hauptrollen: Ekkehard Schall, Hans-Peter Reinecke

»**Fräulein Julie**« von August Strindberg; Regie: B. K. Tragelehn, Einar Schleef; Hauptrollen: Jutta Hoffmann, Jürgen Holtz

»**Der erste Tag der Freiheit**« von Léon Kruczkowski; Regie: Jürgen Pörschmann, Günter Schmidt

1976

»**Der Sommerbürger**« von Helmut Baierl; Regie: Ruth Berghaus; Hauptrolle: Jürgen Holtz

»**Der kaukasische Kreidekreis**« von Bertolt Brecht; Regie: Peter Kupke; Hauptrollen: Ekkehard Schall, Franziska Troegner

»**Der Unbedeutende**« von Johann Nestroy; Regie: Karl von Appen, Hein Trilling; Hauptrollen: Hans-Peter Reinecke, Victor Deiß

1977

»**Coriolan**« von William Shakespeare, in der Bearbeitung von Bertolt Brecht (Neueinstudierung der Inszenierung von 1964); Regie: Manfred Wekwerth, Joachim Tenschert; Hauptrollen: Ekkehard Schall, Hans-Peter Reinecke

»**Der Hofmeister**« von Jakob Michael Reinhold Lenz, in der Bearbeitung von Bertolt Brecht; Regie: Peter Kupke; Hauptrolle: Peter Aust

1978

»**Der Lohndrücker**« (Jugendprojekt 1) von Heiner Müller; Regie: Matthias Renner, Axel Richter

»**Die Feststellung**« von Helmut Baierl; Regie: Christoph Brück, Wolf Bunge

»**Galileo Galilei**« von Bertolt Brecht; Regie: Manfred Wekwerth, Joachim Tenschert; Hauptrolle: Ekkehard Schall

»**Volker Braun-Abend Nr. 1: Gedichte und Lieder**« Leitung: Wolfgang Pintzka

»**Onkel Ede hat einen Schnurrbart ... Lieder, Gedichte, Geschichten und Szenen für Kinder**« von Bertolt Brecht; Regie: Jürgen Kern, Jörg Mihan, Matthias Stein

»**Mutter Courage und ihre Kinder**« von Bertolt Brecht; Regie: Peter Kupke; Hauptrollen: Gisela May, Franziska Troegner, Hans-Peter Minetti

»**Bezahlt wird nicht**« von Dario Fo; Regie: Konrad Zschiedrich; Hauptrollen: Peter Bause, Jaecki Schwarz, Renate Richter

1979

»**Lisa**« (Jugendprojekt 2) von Paul Gratzik; Regie: Hella Müller

»**Prognose**« von Alfred Matusche; Regie: Katrin Wolf, Hermann Schein

»**Der große Frieden**« von Volker Braun; Regie: Manfred Wekwerth, Joachim Tenschert; Hauptrollen: Ekkehard Schall, Hermann Beyer

»**Brecht-Abend: Als ich wiederkehrte**« Regie: Wolfgang Pintzka

»**Brecht-Programm: Wofür und Wogegen**« Regie: Ekkehard Schall

»**Brecht-Programm: Von der Freundlichkeit der Welt**« Regie: Peter Konwitschny

»**Knuppelpütze**« von Johannes Conrad; Regie: Jürgen Kern, Hein Trilling

»**Jegor Bulytschow und die anderen**« von Maxim Gorki; Regie: Manfred Wekwerth

1980

»**Volker Braun-Abend Nr. 2: Teil 1: Gedichte und Geschichten von Hinze und Kunze/Teil 2: Allgemeine Erwartung**« Leitung: Jochen Ziller

»**Die Ausnahme und die Regel**« von Bertolt Brecht; Regie: Carlos Medina; Hauptrollen: Peter Bause, Manuel Soubeyrand

»**Simplex deutsch**« von Volker Braun; Regie: Piet Drescher

»**Die Zähmung der Widerspenstigen**« von William Shakespeare; Regie: Lothar Christoph Brück, Wolf Bunge; Hauptrolle: Carmen-Maja Antoni

»**Blaue Pferde auf rotem Gras**« von Michail Schatrow; Regie: Christoph Schroth; Hauptrollen: Arno Wyzniewski, Dieter Knaup, Jaecki Schwarz

»**Stephan Hermlin-Abend Nr. 1: In den Kämpfen dieser Zeit**« Leitung: Jochen Ziller

1981

»**Mann ist Mann**« von Bertolt Brecht; Regie: Konrad Zschiedrich; Hauptrollen: Peter Bause, Christine Gloger

»Turandot oder Der Kongreß der Weißwäscher« von Bertolt Brecht; Regie: Manfred Wekwerth, Joachim Tenschert; Hauptrolle: Hans-Peter Minetti

»Die Dreigroschenoper« von Bertolt Brecht und Kurt Weill; Regie: Kollektiv unter Leitung von Manfred Wekwerth und Konrad Zschiedrich

»Der kleine Prinz« von Antoine de Saint-Exupéry; Regie: Carlos Medina Hauptrollen: Simone Frost, Victor Deiß, Hans-Joachim Frank, Thomas Neumann

1982

»Die Physiker« von Friedrich Dürrenmatt; Regie: Jochen Ziller, Hauptrollen: Erika Pelikowski, Barbara Dittus, Martin Seifert

»Krieg liegt in der Natur des Menschen« von T. Kohen; Regie: Wolfgang Pintzka

»Wo treue Liebe waltet oder Der 1. Weltkrieg fand nicht statt, Dichtung für deutsche Dämmerstunden« Textfassung: Jürgen Hart; Regie: Christoph Brück

»HUAC, Der Fall Eisler, nach den Protokollen des Ausschusses für unamerikanische Tätigkeit« von Gudrun und Hans Bunge; Regie: Christoph Brück, Wolf Bunge

»Johann Faustus« von Hanns Eisler; Regie: Manfred Wekwerth, Joachim Tenschert; Hauptrollen: Ekkehard Schall, Renate Richter

»Tinka« von Volker Braun; Regie: Konrad Zschiedrich; Hauptrollen: Angelika Perdelwitz, Stefan Lisewski, Arno Wyzniewski

»Großer Oktober der Arbeiterklasse« Lieder, Gedichte, Prosa von Brecht, Braun, Hermlin, Majakowski, Weinert, Wischnewski; Leitung: Wolfgang Pintzka, Heinz Joswiakowski

1983

»Trommeln in der Nacht« von Bertolt Brecht; Regie: Christoph Schroth; Hauptrollen: Angelika Waller, Simone Frost, Martin Seifert

»Die Perser« von Aischylos; Regie: Hans-Joachim Frank, Klaus Noack; Hauptrollen: Annemone Haase, Dieter Knaup

»Marx-Programm« Textfassung: Jürgen Hart, Christoph Brück, Wolf Bunge

»Unser Recht zu leben, Programm zum XX. Kongreß des Internationalen Theaterinstituts«

»Der Kontrabaß« von Patrick Süskind; Regie: Jürgen Kern, Hein Trilling; Hauptrolle: Peter Bause

»Die Tage der Commune« von Bertolt Brecht; Regie: Carlos Medina; Hauptrollen: Felicitas Ritsch, Hans-Peter Reinecke, Hans-Joachim Frank

1984

»Jacke wie Hose« von Manfred Karge; Regie: Peter Konwitschny; Hauptrolle: Carmen-Maja Antoni

»Urfaust« von Johann Wolfgang von Goethe; Regie: Horst Sagert; Hauptrollen: Corinna Harfouch, Arno Wyzniewski, Hermann Beyer

»Wußten Sie schon? Wissen Sie noch?« Schlager und Lieder, Geschichten und Anekdoten aus der DDR; Leitung: Jürgen Kern, Hein Trilling

»Der neue Prozeß« von Peter Weiss; Regie: Axel Richter; Hauptrollen: Hans-Joachim Frank, Angelika Waller, Peter Bause

1985

»Kurt Weill-Abend: Vom Schiffbauerdamm zum Broadway« Regie: Rainer Böhm, Jochen Ziller, Jürgen Schebera; Mitwirkende: Gisela May, Franziska Troegner, Stefan Lisewski

»Jochen Schanotta« von Georg Seidel; Regie: Christoph Brück; Hauptrollen: Michael Kind, Renate Richter

»Stephan Hermlin-Abend Nr. 2: Die Ästhetik des Friedens, Prosa, Lyrik, Gespräche« Regie: Jochen Ziller

»Troilus und Cressida« von William Shakespeare; Regie: Manfred Wekwerth, Joachim Tenschert; Hauptrollen: Renate Richter, Angelika Waller, Martin Seifert

»Die Dreigroschenoper« von Bertolt Brecht und Kurt Weill; Regie: Manfred Wekwerth, Jürgen Kern

»Peter Weiss-Abend: Die Ästhetik des Widerstands – Prosa, Arbeitsnotizen, Gespräche« Regie: Jochen Ziller

»Bürger Schippel« von Carl Sternheim; Regie: Fritz Marquardt; Hauptrollen: Hermann Beyer, Herbert Olschok, Carmen-Maja Antoni

1986

»Komödie ohne Titel« von Federico Garcia Lorca; Regie: Alejandro Quintana; Hauptrollen: Peter Bause, Kirsten Block

»Lob des Revolutionärs oder Vom Nutzen der Dialektik« – ein Theaterabend zum XI. Parteitag der SED; Textfassung: Wera und Claus Küchenmeister; Leitung: Manfred Wekwerth, Ekkehard Schall, Jochen Ziller

»Außerhalb von Schuld« von Uwe Saeger; Regie: Jürgen Kern, Hein Trilling; Hauptrollen: Hans-Peter Reinecke, Achim Petri, Franz Viehmann

»Der Hauptmann von Köpenick« von Carl Zuckmayer; Regie: Christoph Brück; Hauptrollen: Hans-Peter Reinecke, Victor Deiß, Jaecki Schwarz

»Zufällig eine Frau: Elisabeth« von Dario Fo; Regie: Manfred Wekwerth, Alejandro Quintana; Hauptrollen: Renate Richter, Franziska Troegner

1987

»Diese ganze lange Nacht« von Jorge Díaz; Regie: Alejandro Quintana

»Untergang des Egoisten Fatzer« von Bertolt Brecht, Fassung Heiner Müller; Regie: Manfred Wekwerth, Joachim Tenschert; Hauptrollen: Ekkehard Schall, Martin Seifert, Barbara Dittus

»Fegefeuer in Ingolstadt« von Marieluise Fleißer; Regie: Axel Richter

»Spiel« von Samuel Beckett

»Baal« von Bertolt Brecht; Regie: Alejandro Quintana; Hauptrollen: Ekkehard Schall, Peter Bause

1988

»Die Mutter« von Bertolt Brecht; Regie: Manfred Wekwerth, Joachim Tenschert; Hauptrollen: Renate Richter, Manuel Soubeyrand

»Lenins Tod« von Volker Braun; Regie: Christoph Schroth

»Tut nichts! Der Jude wird verbrannt. Die faschistische Pogromnacht vom 9.11.38« Leitung: Eberhard Mai, Aljoscha Westermann

1989

»Germania Tod in Berlin« von Heiner Müller; Regie: Fritz Marquardt; Hauptrollen: Angelika Waller, Renate Richter

»Der Selbstmörder« von Nikolai Erdmann; Regie: Manfred Wekwerth

»Carmen Kittel« von Georg Seidel (in der Akademie der Künste am Robert-Koch-Platz); Regie: Jochen Ziller; Hauptrollen: Beatrixe Bergner, Andrea Solter, Michael Kind

»Ich will ein Kind haben!« von Sergej Tretjakow (im Berliner Prater); Regie: Günter Schmidt; Hauptrollen: Dieter Knaup, Jürgen Watzke

»Wolokolamsker Chausee I – V« von Heiner Müller; Regie: Christoph Schroth; Hauptrollen: Ekkehard Schall, Wolfgang Holz

1990

»Es kommt der Tag ..., Ernst Busch zum 90. Geburtstag« Leitung: Aljoscha Westermann

»Laß dir nichts einreden!« Spielfassung und Leitung: Anna-Christine Naumann; Hauptrollen: Corinna Harfouch, Bernd Stempel

»Der Fall Judas« von Walter Jens; Regie: Holger Teschke

»Tango« von Slawomir Mrozek; Regie: Herbert Olschok

»Prinz Friedrich von Homburg« von Heinrich von Kleist; Regie: Manfred Wekwerth; Hauptrollen: Ekkehard Schall, Renate Richter

»Rotter« von Thomas Brasch; Regie: Christoph Schroth

1991

»Villa Jugend« von Georg Seidel; Regie: Fritz Marquardt; Hauptrollen: Christine Gloger, Hermann Beyer

»Strategie eines Schweins« von Raimonde Cousse; Regie: Aljoscha Westermann

»Der gute Mensch von Sezuan« von Bertolt Brecht; Regie: Alejandro Quintina; Hauptrolle: Carmen-Maja Antoni

»Love and Revolution – Ein Brecht-Programm« von Carmen-Maja Antoni, Hans-Peter Reinecke, Karl-Heinz Nehring

»Schweyk im zweiten Weltkrieg« von Bertolt Brecht; Regie: Manfred Wekwerth; Hauptrollen: Hans-Peter Reinecke, Franziska Troegner

»Die Familie Schroffenstein« von Heinrich von Kleist; Regie: Christoph Schroth

»Ay, Carmela!« von José S. Sinisterra; Regie: Alejandro Quintana; Hauptrollen: Renate Richter, Peter Bause

»Florentiner Strohhut« von Eugène Marin Labiche; Regie: Manfred Wekwerth; Hauptrollen: Martin Seifert, Barbara Bachmann, Nadja Engel

1992

»Der arme Vetter« von Ernst Barlach; Regie: Fritz Marquardt; Hauptrollen: Hermann Beyer, Veit Schubert, Christine Gloger

»Volksvernichtung oder Meine Leber ist sinnlos« von Werner Schwab; Regie: Herbert Olschok

»Vor Sonnenaufgang« von Gerhart Hauptmann; Regie: Christoph Schroth

1993

»Pericles« von William Shakespeare; Regie: Peter Palitzsch; Hauptrolle: Hermann Beyer

»Wessis in Weimar« von Rolf Hochhuth; Regie: Einar Schleef

»Grillparzer im Pornoladen« von Peter Turrini; Regie: Peter Palitzsch

»Kaufmann von Venedig« von William Shakespeare; Regie: Peter Zadek; Hauptrollen: Eva Mattes, Gert Voss

»Sladek oder die Schwarze Armee« von Ödön von Horvath; Regie: Fritz Marquardt; Hauptrollen: Hans Fleischmann, Christine Gloger, Michael Kind

»Das Wunder von Mailand« nach Cesare Zavattini und Vittorio de Sica; Regie: Peter Zadek; Hauptrollen: Eva Mattes, Mauro Chechi, Uwe Bohm

»The Fever« von und mit Wallace Shawn

»Duell. Traktor. Fatzer.« von Bertolt Brecht und Heiner Müller; Regie: Heiner Müller

»Der Brotladen« von Bertolt Brecht; Regie: Thomas Heise

»Lebenslauf des Mannes Baal« von Bertolt Brecht; Regie: Peter Zadek

»Juno und der Pfau« von Sean O'Casey; Regie: Fritz Marquardt; Hauptrollen: Hermann Beyer, Carmen-Maja Antoni

»Der Jasager und der Neinsager« von Bertolt Brecht; Regie: Peter Zadek

1994

»Quartett« von Heiner Müller; Regie: Heiner Müller; Hauptrolle: Marianne Hoppe

»Antonius und Cleopatra« von William Shakespeare; Regie: Peter Zadek; Hauptrollen: Eva Mattes, Gert Voss, Veit Schubert

»Die kahle Sängerin« von Eugène Ionesco, Regie: Elisabeth Gabriel

»Ollys Gefängnis« von Edward Bond; Regie: Peter Palitzsch

»Villa Jugend« von Georg Seidel; Regie: Fritz Marquardt

»Die Reise nach Jerusalem« ein Else Lasker-Schüler-Abend; Regie: Brigitte Landes

»Ich bin das Volk« von Franz Xaver Kroetz; Regie: Elisabeth Gabriel, Bärbel Jaksch, Ulrike Maack, Stephan Suschke, Holger Teschke, Stephan Wetzel

1995

»Mondlicht« von Harold Pinter; Regie: Peter Zadek; Hauptrollen: Michael Degen, Eva Mattes, Angela Winkler

»Fatzer« von Bertolt Brecht; Regie: Heiner Müller

»Der aufhaltsame Aufstieg des Arturo Ui« von Bertolt Brecht; Regie: Heiner Müller; Hauptrolle: Martin Wuttke

Bildnachweis:
Privat (14), Bertolt-Brecht-Erben (9), Patrick Graetz (1)
Nicht für alle Abbildungen konnten die Rechteinhaber ermittelt
werden.

ISBN 3-359-00908-8

1. Auflage
© 1997 Eulenspiegel · Das Neue Berlin
Verlags-GmbH & Co. KG
Rosa-Luxemburg-Str. 16, 10178 Berlin
Lektorat: Walter Püschel
Umschlagentwurf: Jens Prockat
Druck und Bindung:
Freiburger Graphische Betriebe